EL MUNDO DEL COSPLAY

REY CALDERON

Coordinación editorial: Tinta dragón, a cargo de Lucía Colella.

Corrección: Tinta dragón, a cargo de Saraí Hoyos.

Cubierta: Tinta dragón, imagenes de Al Squall, Pilerud, Aetheya y Nienna Surion.

Maquetación: Tinta dragón, a cargo de Lucía Colella.

CONTENIDO

PRÓLOGO

Las personas, a lo largo de la historia, han utilizado diferentes objetos específicos o vestimentas características, ya sea por motivos religiosos o sociales. En este libro se tratará de dar un contexto y motivo por los cuales las personas hacían esto y como han trascendido hasta nuestro tiempo.

A diferencia del anime, el *cosplay* tuvo, y sigue teniendo, una mayor aceptación. Paso de ser algo extraño en convenciones de Latinoamérica, a volverse algo común en plataformas de entretenimiento, llámense Facebook, Twitter o TikTok.

Esta tendencia se ha abierto paso en este mundo y este libro intentará dar un contexto de cómo ha ido evolucionando el *cosplay*, desde tradiciones de antaño hasta la actualidad, en la que se ha convertido en un oficio bastante conocido.

Las mujeres y hombres que incursionan en dicho mundo se topan con una pared, que muestra que esta comunidad no es linda y pacifica sino más bien desagradable en algunos aspectos, pues se enfrentan a muchos problemas que rondan este oficio.

TRADICIONES

Los disfraces son usados, generalmente, en fiestas de Halloween, en convivios de preescolar o fiestas infantiles. Se escogen por lo que está de moda o por alguna característica que guste del personaje, ya sea por un rasgo físico, como actúa, etc.

Pero el uso del disfraz no se ha dado solamente por diversión o para pasar tiempo con los amigos. Estos se han usado como sátira, para la suplantación de identidad y, hasta se puede decir que, al momento de subir de categoría social, una persona se «disfraza» como una persona nueva.

Los disfraces también son utilizados para la protección física del individuo; ya sea por razones naturales o, como se comentará a continuación, debido a seres sobrenaturales.

El Halloween es comúnmente concebido como una invención estadounidense; una tradición que involucra disfrazarse de personajes de la cultura popular, especialmente de monstruos. Ya cercanas las fechas, los supermercados se llenan de mercancía para decorar la casa y de disfraces para chicos y grandes.

Pero la tradición de disfrazarse no empezó por esta celebración, sino que es más antigua de lo que pensamos; se remonta a la edad de hierro, con los pueblos célticos.

Los antiguos celtas dividían el año en dos mitades: una de luz y otra de oscuridad. Entre sus festivales, el *Samhain* es el que celebra el fin de las cosechas, lo que lo convertía en un festival sumamente importante, pues se «recogían las cosechas y los animales (...) para sacrificarlos o alojarlos (...) y utilizarlos para la cría».[1]

En este festival se realizaban festines con una gran cantidad de comida y alcohol. Se reunía todo el pueblo ya sea solo para celebrar como fue la cosecha, así como para discutir asuntos que concernían a la población.

El festival duraba más de un día y durante «la tercera noche del *Samhain* se abrían (...) los espacios entre vivos y muertos». [2] Esto permitía que los muertos y monstruos pudieran entrar en contacto con los vivos.

Por esta razón, para la protección, en esta noche se vestían como monstruos del folclore céltico. Pues, como deambulaban libremente en esta noche estos últimos, era probable que los monstruos atacaran a las personas que no estuvieran disfrazadas.

Por eso, si salían de sus hogares, no podían hacerlo con su vestimenta normal; los muertos también deambulaban así que, al disfrazarse de estos, la protección era la misma.

Aunque un muerto que busca venganza sería más común. Porque, si se fue cómplice de un asesinato o se agredió a una persona que, después, muere, este con el conocimiento que tiene podía hacer daño e iba a buscar a su agresor.

Para obtener alimento dedicado a los sacrificios y las ofrendas de los muertos que se hacían, los encargados llamados «emisarios de la muerte» iban, de casa en casa, buscando comida.

Estos emisarios también se vestían de monstruos, pues al caminar por todo el pueblo se encontraban en un peligro mayor; al estar expuestos tanto tiempo, podían ser atacados, con mayor probabilidad, si no iban disfrazados.

Estos emisarios son la razón por la que se dan dulces en esta época, pues, para evitar problemas si alguien tocaba a tu puerta, se le entregaba alimento, al no saber si eran los emisarios o algún ser sobrenatural.

La protección que ofrecían los disfraces no era tomada a la ligera, por ello todas las personas se disfrazaban, no había algo que impidiera que alguna persona no lo hiciera.

Cualquier persona era libre de usar el disfraz que más le convenía. No había leyes que regularan los tiempos o lugares para usarlos; en cambio, las religiones utilizan símbolos para poder identificar a sus adeptos de las demás personas de la comunidad de donde se encuentran.

Los símbolos religiosos son importantes para demostrar al grupo al que se pertenece, pues estos también son utilizados de acuerdo al nivel social de la persona en cuestión.

Pues se pueden poner en las lapidas de piedra o tallar el símbolo en madera para las tumbas de creyentes. En vida se los llevaban en la ropa, en collares, inclusive estaban plasmados en el arte.

En el norte de África, durante los primeros siglos después de Cristo, las puertas se decoraban con muchos símbolos, «para identificar (...) la fe que profesan: la media luna para los musulmanes, la estrella para los judíos y el pez para los cristianos». [3]

Es extraño pensar que el pez era conocido como símbolo del cristianismo y no la cruz, como en la actualidad se usa. Este cambio se dio siglos después de la muerte de Cristo.

En un inicio, el pez era el símbolo de la cristiandad y «era conocido como *IXTHUS* que es el acróstico de *Iesus Xhristos Theou Hyios Soter* que interpretado significa *Jesucristo, de Dios el Hijo, Salvador*». [4]

Como sufrían persecución, los cristianos, durante, el Imperio romano, se ocultaban. Profesar la fe cristiana era un crimen y se castigaba con prisión, latigazos o la muerte por cruz, lapidación o cremación.

Para poder reunirse, los antiguos cristianos, al encontrarse con alguien, dibujaban una línea curva en el suelo. Si la otra persona dibujaba la misma línea, pero invertida y por debajo, significaba que también era cristiano.

Esto pasaba inadvertido para las demás personas, pues a los ojos de los demás solo eran garabatos y no tenían significado alguno. Sin embargo, esto era una espada de dos filos, si se trataba de un espía no había forma de retractarse.

La persecución contra la iglesia primitiva cambió, cuando el emperador romano Constantino I promulgo el *Edicto de Milán*, en el que se declaraba la libertad religiosa.

Constantino I no solo influyó en el edicto, también en el uso de la cruz como símbolo de la Iglesia Católica. Se cuenta que, cuando el emperador se dirigía al campo de batalla, elevó su mirada al firmamento y vio una cruz con la frase *«In hoc signo vinces»*, que interpretado significa «con este signo vencerás».

Impactado por lo que vio, esa misma noche soñó con Jesucristo y este le dijo que, si utilizaba el símbolo derrotaría a sus enemigos en batalla. Gracias a esto, en el concilio de Nicea se decidió que la cruz se convertiría en el símbolo de la fe.

Así es como se ha vuelto un símbolo universal. Cuando se piensa en Cristo, lo primero que llega a la mente es la cruz; Se la usa en catedrales, capillas e iglesias, en donde se pone en lo alto una cruz para mostrar la fe que profesan.

Por otro lado, los musulmanes no utilizaban símbolos durante la vida del profeta Mahoma, ni en su arquitectura o arte había algún símbolo. Las banderas de las caravanas, que acompañaban al ejército, utilizaban banderas de colores sólidos como blanco, negro o verde.

No fue hasta 1453, cuando el Imperio Otomano invadió y conquisto Constantinopla, que adoptaron el símbolo que se usaba en aquella ciudad: la media luna y una estrella. Osmán I, el fundador del Imperio, había considerado dicho símbolo como buen augurio.

Por esta razón, durante la guerra otomano-húngara y las ultimas cruzadas, los ejércitos islámicos izaban la media luna y la estrella como símbolo, tanto político como nacional. Uno que hasta la fecha se asocia con los musulmanes; un símbolo no oficial, aun cuando este no proviene de su fe.

Por esta razón, algunos musulmanes no utilizan el símbolo, ya que además de no ser oficial en las escrituras no se lo menciona, ni siquiera su uso. Pero, algunas países utilizan este símbolo en sus banderas, al igual que algunas empresas musulmanas.

La media luna y la estrella nacieron, por diferentes motivos, en la Ciudad de Bizancio, una colonia griega que reconocía a diferentes dioses; entre ellos se encontraba la diosa Hécate, diosa de la luna. Es por ella que la ciudad adoptó la luna como símbolo.

En el año 330, Constantino el Grande refundó la ciudad con el nombre de Constantinopla y le añadió una estrella al símbolo de la media luna. ¿Los motivos? El cristianismo se volvió la religión oficial del Imperio romano.

Los símbolos religiosos pertenecen a las personas, ya sea en vida o muerte. Pero había un color que solo podía pertenecer a la clase alta y la realeza, ya que obtenerlo era muy difícil y, por ende, muy costoso. El color no es otro que el púrpura.

Hoy en día se escucha frases como «nació en cuna de oro» o «es de sangre azul», estas expresiones son usadas para referirse a las personas que tienen mucho dinero y un estatus alto.

Mucho antes de que dichas expresiones existieran, había otra forma para decir lo mismo: «había nacido en el púrpura». Esto se debía al el proceso de fabricación y el envío, pues los fenicios, que habitaban en algunos puntos del Mar Mediterráneo, creaban telas con intensos colores.

Los fenicios utilizaban un molusco llamado Murex, Requería un gran esfuerzo obtenerlos; era necesario recogerlos y juntarlos en tanques de agua salada hasta tener la cantidad óptima para que resultara rentable.

Estos moluscos tenían una glándula de la cual se obtenía el color. Utilizaban una gran cantidad, «aproximadamente para teñir 1kg de lana hacían falta 200gr de tinta, y para obtener 1kg de esta secreción, era necesario machacar 50,000 ejemplares del molusco». [5]

De esta forma, el púrpura se volvió un símbolo de estatus, pues no cualquier persona podía poseerlo. No solo era necesario tener dinero suficiente, sino también tener puestos de poder.

En el Imperio romano «tenían una ley que prohibía al pueblo usar este color (...) solo estaba permitido para aquellos de noble cuna o alto abolengo. El rey persa Ciro adopto el purpura en sus túnicas (...)». [6]

Las personas con gran poder se reservaban los lujos más ostentosos, para destacar entre el resto, y utilizaban todos los medios para no ser comparados con el pueblo.

Así como los líderes de los imperios vestían un color para distinguirse, los soldados también llevaban uniformes especiales, para destacar entre el ejército.

A los guerreros jaguar y águila se les daban estos títulos, ya que infundían terror a sus enemigos y demostraban que su poder era superior. Por ello, referían a lo más alto de las cadenas alimenticias de la tierra y el aire.

Sus ocupaciones eran determinadas en base al día de sus nacimientos, junto con otros factores para elucidar sus futuros. Si sus destinos eran ser guerreros, se le hacía la primera prueba, «un baño en agua fría nada más al nacer. Si sobrevivía, se confirmaba que los dioses habían decidido que era apto para la vida». [7]

Desde temprana edad, siete años, a los niños se les enseñaba el arte de la guerra y como controlar su carácter.

La cultura azteca era muy disciplinada; los guerreros jaguar debían tener la capacidad no solo de defender al pueblo, sino de guiarlo de forma moral y espiritual.

Para lograr este objetivo, al concluir los estudios del *calmécac* y con la autorización del *calpulli*, dejaban su hogar por cinco años y se «trasladaban a residencias especiales en donde iniciaban un periodo (...)» donde «(...) además de fortalecer su cuerpo y espíritu (...), comenzaban a ponerse en contacto con (...) las antiguas enseñanzas». [8]

Estos saberes los instruían en ciencias como matemática, astronomía, botánica y otros conocimientos como teogonía, interpretación de códices y lectura.

Al termino de sus estudios servían a la comunidad, también debían mostrar su valía al dirigir las tropas y su talento personal en el manejo de armas. Al mostrar su capacidad, se les iniciaba y se les mandaba a capturar enemigos para demostrar sus habilidades.

A los guerreros jaguar se los ponían en el frente del campo de batalla, mientras que los guerreros águila se encargaban de entregar mensajes, espiar y explorar.

La vestimenta de estos guerreros era el *ichcahuipilli*, una armadura acolchada, que los protegía en la zona del pecho, abdomen y espalda. Encima de este o, incluso, sin él se usaba el *ehuatl* que era decorado con plumas.

Lo que diferenciaba a los guerreros jaguares de los demás era el *ocelotl* (piel de jaguar) sobre su armadura, cuyo único propósito era distinguirlos y darles estatus.

A diferencia del guerrero jaguar, los guerreros águila llevaban un casco en forma de águila con el pico abierto, a través del cual podían ver. «El traje tenía en los brazos plumas que simulaban alas y a la altura de las rodillas se imitaban las garras del águila.». [9]

Las vestimentas o artículos distintivos son parte esencial de nuestra cultura, ya sea para la identificación de personas con un status mayor en la sociedad o por una cuestión de liderazgo; pero también son utilizados por la comedia para la sátira o la parodia.

La sátira es un género en el cual se ridiculiza o censura un concepto o persona, para hacer una crítica social.

Este género se considera que nació en Grecia con la poesía yámbica, de la mano de Semónides de Amorgos, Arquíloco de Paros y Aristofanes. Fue acogido por la escuela cínica, para la crítica de personajes o acontecimientos desde una perspectiva moral.

El poeta Horacio escribió «quince sátiras de costumbres que apuntan al vicio y a la insensatez (...) y tres sátiras literarias que han pervertido a lo largo de la historia». [10]

En estas sátiras, Horacio no usa un tono agresivo como otros autores, más bien invita a contemplar la locura humana sin tener una posición de superioridad.

En Egipto, hace aproximadamente cuatro mil años, un padre llamado Dua-Hety iba, con su hijo Pepy, en camino a la escuela de administración real. Durante el camino, el padre se percata de que su hijo no está entusiasmado por ir a la escuela.

Con esto en mente, Dua-Hety «intentará hacerle ver las ventajas de la profesión de escriba sobre las demás»; [11] ya que a Pepy no le agradaba la idea de sentarse y escribir en tablillas, óstracos (un fragmento de cerámica) y papiros, además de estudiar jeroglíficos.

La sátira no solo existió en el antiguo mundo, sino que perduró y se expandió a lo largo y ancho del planeta, haciéndose cavida en diferentes autores, de todas nacionalidades e invadiendo diferentes autores en distintas épocas.

La rebelión de la granja, de George Orwell, es una sátira sobre la corrupción del socialismo soviético en el periodo de Stalin. El pintor Francisco de Goya, de nacionalidad española, hizo una serie de ochenta grabados llamados *Los caprichos*, que satiriza a la sociedad española de finales del siglo XVIII. En la pantalla grande, *The great dictator,* del año 1940, es una sátira sobre el dictador Adolf Hitler y el partido nazi, el antisemitismo y fascismo. En la serie de cómic *The boys* se satiriza a los superhéroes y se da un giro a la visión que se tiene de ese mundo ideal; muestra la sociedad nihilista, corrompida y libertina de «nuestros protectores».

En la comedia actual se ha popularizado satirizar y parodiar a personajes políticos y personalidades, tal es el caso de Lord Marco Polo y sus diferentes personajes.

El Conde Fabregat, en el *Circo de los Horrores*, encarna al diablo para interpretar su rutina frente a los espectadores.

En la obra de teatro *El circo de las pesadillas*, antes de la función, en la entrada del lugar y entre las butacas, durante las dos llamadas, todos los personajes se pasean y asustan a los que asisten a la función.

No solamente la vestimenta, el color y los símbolos sino también las frutas se utilizan para denotar una situación, Como ejemplo tomaremos las manzanas. Por lo general, se asocian con problemas, de ahí la expresión *«la manzana de la discordia»*; esta tiene su origen en el mito griego de las manzanas de las Hespérides.

Se originan en la leyenda de un manzano que daba manzanas doradas. Gea se las dio a la diosa Hera, por motivo de su matrimonio con el dios Zeus. Los manzanos habían sido plantados en el jardín de las Hespérides y estaban al cuidado de tres ninfas: Hesperetusta, Egle y Eritea, hijas del titán Atlas el titan y de Hésperis la diosa del atardecer.

Por la desconfianza de los dioses hacia estas ninfas, debido a que las manzanas otorgaban inmortalidad a quien las comiera, la diosa Hera mando a su dragón Ladón, como otro custodio, al jardín.

Durante la boda del héroe griego, Peleo, con la ninfa marina Tetis, una diosa no fue invitada: Eris. Ella, al ver que no fue solicitada en aquella celebración, decidió ir al banquete y dejar una manzana de oro, que tenía grabada la frase: Para la más bella.

Al ver la manzana, tres diosas desearon la fruta. Estas eran Hera, diosa del matrimonio, Atenea, diosa de la sabiduría, y Afrodita, diosa del amor erótico. Al verse, las tres como pretendientes y reclamantes de la manzana, empezaron una discusión.

Al no poder llegar a una solución, acudieron a Zeus para que él dictara una solución al problema en el que se encontraban las diosas. Para evitar contrariedades con las diosas que no obtendrían la manzana, Zeus decidió que quien daría fin a la discusión sería Paris, el hijo de Príamo, rey de Troya.

Las tres diosas acudieron al mortal y le ofrecieron regalos para ganar su favor. La diosa Hera le ofreció ser emperador de Asia, la diosa Atenea le ofreció el poder de ganar cualquier batalla en la que participara y la diosa Afrodita le ofreció el amor de la mujer más bella.

Paris se decidió por la diosa Afrodita y obtuvo el amor de Helena, la esposa del rey Menelao, de Esparta. Este suceso desencadenó la guerra de Troya.

En la Edda prosaica de la mitología nórdica, la diosa Idunn era la encargada de darle manzanas doradas a los dioses, las cuales los mantenían con juventud eterna. Esto la hacía un ser sumamente importante para ellos, pero un día la perdieron.

Odín, Loki y Hoenir emprendieron un viaje y se detuvieron cuando les dio hambre. Cazaron un buey e hicieron un horno en la tierra para cocinarlo, pero se percataron de que no se cocinaba la carne. Mientras trataban de descubrir la razón, escucharon una voz que les decía que él era la razón por la que la carne no se cocinaba. Voltearon hacia un roble cerca de ellos y divisaron al gigante Thiazi, en forma de un agila gigante. Cuando los tres lo vieron, les dijo que, si lo dejaban comer del buey, el haría que el horno sirviera, a lo cual los tres aceptaron.

Bajo del árbol y se cocinó la carne, una vez cocida Thiazi empezó a devorar el buey. A Loki le pareció que comía de más y, para hacer que se detuviera, le golpeó con un bastón que llevaba para el viaje. Al ver que lo golpeaban, Thiazi tomó a Loki con sus garras y emprendió el vuelo.

El gigante subía y bajaba, golpeando a Loki con las copas de los árboles y con las rocas. Loki gritó pidiendo ayuda a Hoenir y a Odín, pero ninguno de los dos le hizo caso, ante esto, negoció con Thiazi para que lo bajara.

La condición que le puso Thiazi era que le entregara a Idunn junto con algunas manzanas doradas; Loki aceptó. Una vez pactado el trato, ambos bajaron y siguieron comiendo, al terminar, los dioses y Thiazi siguieron sus respectivos caminos.

Después de un tiempo, llegó la fecha pactada para que Loki entregue a Idunn, así que este ideó un plan para sacarla de Asgard y, así, evitar que algún dios los vea; de esa forma buscaba evitar un castigo.

Llegado el día, Loki se acercó a Idunn y le dijo que había encontrado un manzano que daba mejores manzanas que las que ella tenía, que fueran los dos a verlo y que llevara algunas manzanas para compararlas. Loki le dijo que la vería a las afueras de Asgard; así que Idunn tomo algunas manzanas y se apresuró a encontrarse con Loki, sin avisarle a nadie sobre a donde se dirigía.

Se encontró con Loki a unos pasos fuera de las puertas de Asgard, este comenzó a avanzar e Idunn iba detrás. Después de caminar un rato, llegaron a un claro. Loki salió corriendo y dejó sola a Idunn, en medio del claro. Ella se quedó quieta, por la sorpresa, y en ese momento bajó Thiazi en forma de águila, la tomo con sus garras y se la llevo junto con las manzanas. Una vez que Loki vio eso, regresó a Asgard. Después de un tiempo, los aesir empezaron a envejecer, buscaron a Idunn pero no la encontraron. Sin embargo, un aesir dijo que la vio junto con Loki, a las afueras de Asgard, así que los demás fueron tras él y le dieron dos opciones: matarlo o que trajera de vuelta a Idunn. Por esto, el dios fue con Freyja a pedirle su abrigo, para convertirse en halcón.

Una vez convertido en halcón, fue a Thrymheim, hogar de Thiazi, en Jötunheim. En el camino, vio al gigante en un bote, en el mar, así que se dirigió al palacio y encontró a Idunn sola; la transformo en una nuez y se la llevo, a toda velocidad, a Asgard.

Cuando llegó Thiazi a su palacio y no encontró a Idunn, tomo forma de águila y voló a Asgard. Cuando los aesir vieron a Loki, se alegraron, pero les duro poco porque vieron a Thiazi detrás de él. Es así que hicieron una hoguera; el fuego fue tan alto que quemó las alas de Thiazi e hizo que caiga y, ya en el suelo, los dioses lo mataron.

En el arte cristiano, la manzana simboliza la fruta que comieron Adán y Eva por el engaño del diablo, lo que dio como resultado que ambos fueran expulsados del jardín del Edén.

Comúnmente se identifica el fruto prohibido con la manzana, aunque la Biblia no menciona cual fruta era. Esta asociación se debe al Papa Dámaso I quién, en el siglo IV, ordenó a Jerónimo de Estridón, un erudito, que tradujera la Biblia hebrea al latín. A esta traducción se le llamo «*Vulgata*».

Jerónimo se mudó a Belén con el propósito de mejorar su hebreo y conocer más su cultura. El principal problema era que Jerónimo no dominaba el hebreo, lo que conllevó a la confusión de algunas palabras, entre ellas el sustantivo *mālus* (manzano) y el adjetivo *malus* (mal). Esto hizo que, en el arte, la manzana se pintara como la fruta prohibida.

Los peregrinos, también llevan distintivos en sus peregrinajes. En Bolivia tienen a San Ernesto de La Higuera. Este santo, en vida, era un gran soldado al que se le conoce comúnmente con otro nombre: el Che Guevara.

El Che Guevara fue asesinado por el ejército boliviano, en octubre de 1967, su ejecución fue en la escuela del pueblo La Higuera.

Su cadáver fue trasladado a 60 km, al pueblo Vallegrande, donde fue dejado en exhibición pública, en el lavadero del Hospital Nuestro Señor de Malta. Algo que se ha recordado hasta el día de hoy, gracias a testimonios y fotografías, es que sus ojos estaban abiertos; además de que las enfermeras y mujeres del pueblo le cortaron mechones de cabello, atesorándolo como algo sagrado.

La exhibición pública duro dos días, después de ello su cuerpo fue echado a una fosa junto con sus compañeros, con la particularidad que no se mantuvo en secreto su ubicación. La gente iba a Vallegrande a dejar flores y velas en el lugar y, en poco tiempo, el pueblo empezó a orarle y adorarle.

De esa manera se volvió un santo popular y la comunidad guaraní, junto con Nelly Romero, principal dirigente guaraní, idearon un proyecto para apoyar a la comunidad indígena.

Al proyecto se lo nombró «La ruta del Che». Nelly Romero comenta que «si el Che peleaba por los pobres, los indígenas y los campesinos, seguramente no le habría molestado que su nombre y su sacrificio sean aprovechados por nosotros, los guaraníes». [12]

Para identificar el camino que lleva de La Higuera a Vallegrande, se utiliza su distintiva estrella roja para señalar el camino. Estas están pintadas en las piedras, así como los peregrinos pintan más estrellas, para demostrar su devoción.

De igual forma sucede con la peregrinación cristiana llamada el Camino de Santiago, en Europa. Cuyo objetivo es llegar a la tumba de Santiago el Mayor, en la catedral de Santiago de Compostela, en Galicia, España.

En el camino se deja conchas de vieira, esto se asocia a una leyenda que narra sobre los discípulos de Santiago el Mayor, cuando estos se encontraban en camino a dejar el cuerpo de su maestro, en Compostela.

En ese momento había una boda y, en las costas, el novio y sus amigos se recreaban con un juego entre jinetes, que consistía en lanzar al aire una lanza mientras se cabalgaba. El objetivo era tomar la lanza antes de que tocara el suelo.

Cuando le tocó el turno del novio, su lanzamiento se desvío hacia el mar. Él, al tratar de alcanzar la lanza, se adentró más allá de la orilla, perdió el control del caballo y los dos fueron comidos por el mar.

Nadie podía ver ni al novio ni al caballo, al mismo tiempo, los discípulos llegaban a la orilla, así que se bajaron para trasladar la barca a la playa. Pasados unos segundos, el novio salió del mar cabalgando su caballo, sin ningún daño, detrás de los discípulos.

El novio fue detrás de los discípulos para saludarlos, cuando estaba cerca de ellos, se dio cuenta de que su cuerpo estaba cubierto de conchas de vieiras. Así es que los discípulos dedujeron que el difunto Santiago hizo un milagro y lo salvó. Esa fue la razón de su conversión.

El novio regresó a su boda y, al término de las festividades, se marchó rumbo a la tumba de Santiago. Es así que el novio estableció que todos los que visiten la tumba deberán llevar una concha de vieira con ellos.

Después de un tiempo, se popularizó tanto el símbolo que sin importar si se había hecho el Camino de Santiago, se portaba la concha de vieira e inclusive, se conseguía como un souvenir. la comercializaba como algo más.

Para ayudar a que los peregrinos no se pierdan y sigan un camino en específico, se estableció que la concha de vieira sea usada «para la señalización (...) por todas las rutas reconocidas como oficiales, impreso en color amarillo y bajo fondo azul». [13]

De hecho, ni siquiera es necesario un símbolo. En algunos casos, solo es necesario un color para dar toda la información del sector en el que se encuentra una persona, similar como lo fue el purpura.

En la Indochina francesa, que ahora es Vietnam, existía un espiritismo cuya forma particular de comunicarse con los espíritus era a través de una canasta atravesada por un palo, a lo largo.

Dos videntes sostenían la canasta por los excedentes del palo que la atravesaba. En la parte del palo que se encotraba dentro de dicha canasta, se ataba un lápiz y debajo ubicaban un abecedario. Otro vidente anotaba las letras sobre las que se detenía el lápiz.

Se contaba sobre un funcionario del gobierno llamado Ngo van Chieu que, durante sus sesiones y junto a otros, contactó con un espíritu que se hacía llamar *AAA*, el cual, durante años, les revelo información.

Finalmente, les reveló que su nombre, *AAA*, solo era un apodo porque, en verdad, él era *Cao Dai*, que significa «*Torre Alta*». Es así que les reveló como fue el proceso de la creación del universo y la vida.

«El universo en el inicio era un espacio negro (...) En el infinito hay un principio que es muy misterioso y maravilloso (...) El *am* y el *duong* (*Yin* y *Yang*) gradualmente se cristalizaron juntos y se convirtieron en una fuente de luz hermosa... Esto es llamado *Thai-Cuc*. Este fue el trono del Dios eterno. Dios no tiene nombre, pero fue usado *Cao Dai* para revelarse como el salvador del universo. Los principios negativos y lo positivos del universo constituyen los componentes básicos de la Naturaleza Eterna que fueron utilizados para la creación del universo». [14]

Estos dos principios son las deidades de la religión, estos son el *Cao Dai* y *Dieu Tri Kim Mau* o *Duc Phat Mau*, que es la diosa madre. Estos son los aspectos masculinos y femeninos que dan balance.

Ngo van Chieu tuvo una visión de la unión de la religión y filosofía del Este y Oeste, que guiarían a un mundo más pacífico y tolerante. En la visión había tres hombres que representan esa unión, estos hombres eran Víctor Hugo, poeta, dramaturgo y novelista;

Sun Yat-sen, líder nacionalista chino; y Nguyen Binh Khiem, administrador y poeta.

En la visión, estos tres hombres firmaban una tabla que tenía el símbolo del *Cao Dai*, el ojo que todo lo ve, dentro del triángulo de la justicia. Además, tenía escrito en francés:«*Dieu et Humanité Amour et Justice*». Y, en chino: «天上天下 博愛公平», que se traduce como «*Dios y la Humanidad (por) Amor y Justicia*». A esto se le llamó *La tercera alianza*.

En la organización de sus sacerdotes, hay tres ramas cuya manera de distinguirse son los colores que utilizan. El amarillo es para el budismo, esta rama se ocupa de finanzas, comida y trabajos públicos. El azul es para el taoísmo, esta se encarga de la educación de los sacerdotes, la salud y la agricultura, El rojo para el confucianismo que se encarga de la política interior, la ortodoxia de los ritos y la justicia interna.

Los sacerdotes estudiantes no pertenecen a ninguna rama, pero tienen un color para distinguirse y es el blanco. Este último color se ignora en la bandera que utilizan, solo se usan los tintes amarillo, azul y rojo.

Los colores también se asocian con los dioses, ya sea para representarlos en los códices o para simbolizar sus atributos de manera más visual.

En la mitología mexica, había un dios primigenio llamado *Ometeotl*. Es un dios dual o, en otras palabras, es masculino y femenino. Depende de cómo se manifieste cambia su nombre: *Ometecuhtli*, «*Señor de la dualidad*», si era masculino y *Omecihuatl*, «*Señora de la dualidad*», si era femenina. A este dios, se le llamaba la «Pareja creadora», dioses de la creación y vida.

«La pareja creadora llamada *Ometecuhtli-Omecihuatl* … en su connubio numinoso procrean cuatro hijos dotados de las características necesarias para el suceder del movimiento cósmico. Estos son los cuatro *Tezcatlipocas* "Espejos humeantes": *Tlatlauhqui* (el rojo), *Xipe Totec*, "Nuestro señor el desollado"; *Iztauhqui* (el blanco), *Quetzalcoatl,* "Serpiente emplumada"; *Yayauhqui* (el negro), *Tezcatlipoca Yoatl*, "Espejo que humea, el Enemigo"; y *Omiteotl-Inaquizcoatl* (el azuldios descarnado), *Huitzilopochtli*, "Colibri de la izquierda o siniestro"». [15]

Estos cuatros Tezcatlipocas son los creadores del mundo donde viven los humanos, el cielo y el inframundo. Crearon a los demás dioses, que serían los guardianes de la humanidad, además de encargarse de guiarlos, premiarlos y castigarlos.

Una *geisha* es una mujer que mantiene el ánimo alto

en las reuniones por medio del arte japonés. En estas artes se encuentran la música, el baile tradicional, las ceremonias de té, mantener una conversación activa y crear juegos. Pero, algo característico de las geishas es su maquillaje: una base blanca con toques rosa, labios rojos y cejas marrones.

Pero se debe eliminar la creencia de que las geishas son prostitutas, esta afirmación nació porque «las fuerzas aliadas se dedicaron a la prostitución con niñas vestidas de geishas vagando por las calles durante la ocupación después de la segunda guerra mundial. Los soldados se fueron a casa (...) y difundieron la noticia de cómo se hicieron una niña geisha, cuando en realidad habían estado con una prostituta». [16]

La fiesta del Guerewol, es donde los jóvenes de Wodaabe, que son un pueblo nómada de África, que vive de la ganadería, encuentra pareja. Al ser difícil que se relaciones con otras personas por su oficio y, aún más, encontrar pareja, se hizo esta fiesta.

En esta fiesta, los hombres jóvenes hacen una ceremonia donde compiten para encontrar su futura pareja y, para esto, se visten con las mejores ropas que tienen, se adornan con accesorios y «pintándose la cara de rojo (...) o amarillo (...) y remarcando los ojos y labios de maquillaje negro, lo cual hace que resalte más el blanco de los dientes y de los ojos». [17]

Los hombres se alinean en una fila horizontal, dejan a los más jóvenes en los extremos y empiezan a cantar y danzar; lo repiten durante horas, inclusive duran toda la noche, y solo se detienen cuando toman té.

Poco a poco esta forma de pintarse y resaltar se acentuó en ciertos sectores. Por ejemplo, en discotecas durante el 2010, algunas bailarinas se pintaban con pintura fluorescente para resaltar en los lugares oscuros. Durante los mundiales de fútbol soccer, a algunas edecanes se les pintaba los jerséis de los colores de las selecciones.

A este concepto de pintura sobre el cuerpo, es decir, la ropa o accesorios, se le llamo *bodypaint* o pintura corporal. Se ha utilizado más de forma artística, pero este concepto se puede traspasar a los animales; en el año 2023, en la provincia de Yunnan, China, se llevó a cabo un concurso de pintura corporal sobre búfalos de agua.

Esta competencia atrajo a participantes de China, Vietnam y Laos, que pintaron a cuarenta y cinco búfalos de agua. El ganador tenía un costado pintado que representaba «la vida feliz de la gente en los tres países. El otro lado representa trenes de alta velocidad, buques de carga, aviones, caucho y los esfuerzos conjuntos de las naciones en la Iniciativa de la Franja y la Ruta». [18]

Desde colores, dibujos, símbolos o vestimenta, la representación, ya sea de ideas o de personajes, está presente en todo el mundo. En todas las épocas, todas las personas usan algo para identificarse y separarse de aquellos que no.

COSPLAY EN LA VIDA DIARIA

Primeramente, se debe saber qué significado tiene la palabra *cosplay*. Esta palabra se compone de otras dos que provienen del inglés: *costume*, que se traduce como disfraz, y *play*, que es interpretar.

El editor, Nobuyuki Takahashi, acuño el término en la *revista* «*My anime*» de Junio de 1983, «donde apareció la palabra por primera vez, escrita en japonés コスプレ (*kosupure*)». [19]

Desde entonces se ha utilizado este término, aunque al principio era un término paraguas para los diferentes tipos de *cosplay*.

En primer lugar se encuentra el tipo *base*, cuyo objetivo es recrear al personaje de la manera más realista posible, esto incluye vestimenta, cabello, props (accesorios) y, en medida de lo posible, el aspecto físico. Este tipo de cosplay, esto incluye edad, complexión física, altura y género.

El *crossplay* tiene las mismas características que el cosplay normal, la diferencia radica en que el cosplayer es del género contrario al personaje que desea recrear.

El *gender bender* es similar al *crossplay*, solo que esta categoría explora la idea de cómo sería la caracterización de cambiar el género de un personaje, mientras se mantiene su esencia.

El *mecha cosplay* es un poco más complejo. Es necesaria la recreación de las armaduras que utiliza el robot, ya sea manual o electrónica. De igual manera, se suele recrear o modificar las armas a utilizar.

El cosplay *furry*, tiene por objetivo la caracterización de personajes humanos con rasgos animales o animales con rasgos humanos (o criaturas ficticias). A diferencia del *mecha*, este principalmente son botargas o inflables.

El cosplay *crossover* es cuando se toma a un personaje y se intercambia aspectos como vestimenta, lo físico, etc. Se mantienen los aspectos generales, pero cambia el estilo.

El cosplay *libre* es cuando se caracteriza a un personaje, pero cambia su vestimenta. Se lo presenta como estudiante, doctor/a, traje de baño o cualquier vestimenta que se desee así como su personalidad.

El cosplay *bodypaint* se caracteriza por usar pintura temporal directamente sobre la piel, para reemplazar el uso de vestimenta. Pero eso no reduce la calidad del cosplay sino que es capaz de expresar las ideas y sentimientos de manera más creativa.

El *erocosplay*, anteriormente conocido como *sexy cosplay*, es la categoría que tiene más auge. Consiste en la caracterización de un personaje con erotismo, desde situaciones sensuales hasta sexo explícito.

El cosplay se da, principalmente, en convenciones de anime, pues este es el medio donde se puede usar libremente. Aunque también se lleva a cabo en plataformas de contenido para adultos, pero más adelante se desarrollara este punto.

El auge de anime se dio principalmente en secreto, solía darse mucho el caso de *bullying* por esta razón, así que la gran mayoría de jóvenes se veían forzados a ocultar sus gustos.

De esta forma, el anime se volvió «el vehículo que muchas personas han utilizado para escapar de situaciones muy reales de abuso escolar». [20]

Por esta razón se formaron las comunidades *otakus*, donde aquellos que gustaban del anime podían hablar de sus gustos sin ser criticados o atacados por ello.

El manga que dio inicio a todo fue «*Tagosaku to Mokube no Tokyo Kenbutsu*» («Tagosaku y Mokube visitan Tokyo») en el año de 1902.

El primer anime en existir se consideraba que era «*Namakura Gatana*» en 1917 de Jun'ichi Kōuichi, este trataba de la compra de una *katana* sin filo, por parte de un samurái.

Pero, en el año 2005, el profesor Matsumoto Natsuki encontró un corto llamado «*Katsudō* Shashin» " (...) en un viejo proyector familiar en Kioto, entre una colección de animación extranjera. El creador es desconocido». [21]

Este corto «*Katsudō* Shashin» (Imágenes en movimiento) trataba de un niño con traje de marinero que escribía en la pared 活動写真 ("Imágenes en movimiento"), se daba vuelta y saludaba quitándose el sombrero.

La primera convención de anime se llamó «Comiket ... fue hecho por fanáticos, se inició en 1975 en una pequeña sala de Tokio con solo 32 expositores y 700 visitantes». [22]

Los participantes, en su mayoría, eran estudiantes de secundaria y preparatoria, a quienes les gustaban los mangas del género *shojo*; junto con creadores de manga amateur y grupos de estudio del manga, de universidades femeninas.

Las animaciones japonesas empezaron a esparcirse por todo el globo. En Francia, los animes dominaban la televisión en 1978, durante los 80 los franceses piden más anime y en los 90 llega el manga. Lo único que falta son las convenciones.

Jean-François Dufour, Sandrine Dufour y Thomas Sirdey crecieron durante el auge del anime y durante los 90. Ellos ayudaron a la distribución del anime y manga, también fueron los que empezaron con pequeñas convenciones que fueron las precedentes al *Japan Expo*.

Este grupo viajo a Japón y al regreso decidieron hacer una convención hecha y derecha. Así, en 24 y 25 de Junio del 2000, se hizo la primera edición de la *Japan Expo* con 3200 asistentes, 62 expositores y 150 concursantes de cosplay.

El interés creció en Francia, ya que la convención creía cada vez más. Llevó a mangakas, sumó eventos culturales, tales como danza y artes marciales, a Nintendo, a grupos musicales e inclusive a «*NHK*, el canal de televisión japones filma el programa de televisión "Cool japan" en Japan Expo para descubrir que es lo que los franceses piensan que es genial sobre Japón». [23]

Del otro lado del mundo, en EE.UU. nacieron varias convenciones, entre ellas la *Animecon*, *Otakon* y *Anime expo*, que dieron origen a diferentes convenciones que se inundaron el país.

Cada país del mundo se ha visto afectado por esta euforia de anime y dieron inicio a convenciones a lo largo y ancho del mundo, como la *AVcon*, en Australia; *LaMole*, en México; *Animefriends*, en Brasil; *Animefest*, en Republica Checa; etc.

No solo en las ciudades grandes ocurren este tipo de convenciones, sino también en las pequeñas. En *Carnage* en Torreón, Coahuila, México; actualmente el atractivo principal son los y las cosplayers, pero anteriormente no era así.

Su atractivo principal era la mercancía, había gargantillas, playeras, objetos que salían en animes, posters, entre otras cosas. Había una gran cantidad de mangas, en este punto no había puestos de mangas en plazas y no existía un buen servicio de venta en línea, pues se facilitaba la estafa en páginas en línea.

Como lo principal eran los productos, no había *cosplay* ni siquiera entre los vendedores. A lo mucho se usaban orejas de gato, nada que las personas que asistían no usaran ni los presentadores. En pocas palabras, se usaban accesorios más que un cosplay o traje como tal.

Esto cambio cuando, cierto día, llegó una mujer joven con el cosplay del personaje de Lucy, del manga *Elfen Lied*, de la mangaka Lynn Okamoto. Tenía el atuendo con el que se presenta, con vendas que cubren el cuerpo. Llegó «*partiendo plaza*», esta expresión significa que todo el mundo la volteó a ver.

Ver a esta joven, más que morbo, impactó, ya que era algo que no se acostumbraba a ver. No había nadie que asistiera vestido de algún personaje y, es por ello, que esta chica marco un antes y un después en las convenciones de anime y, luego, en la vida cotidiana.

Posteriormente a este incidente, una oleada de cosplayers paso a invadir las convenciones, tanto entre los asistentes como entre los vendedores. Aquello le dio un aire nuevo a las convenciones, hasta influyó en los precios de entrada.

El gran aumento de la popularidad del cosplay, en México, dio inicio a la convención cuyo su principal enfoque fue esto mismo. Tanto así, que traían *cosplayers* de talla mundial, además de muchos nacionales, hombres como mujeres. Esta convención es conocida como *Nezumihara*.

Pero donde nació el cosplay no fue en Japón, este último solo lo popularizó. El primer registro de una persona que se vistió como un personaje fue en EE. UU., durante los años 30; en las convenciones de literatura de ciencia ficción, una pareja decidió ir vestida como personajes de un libro.

Eso causó furor y, con esas dos personas, más empezaron a acudir vestidas a las futuras convenciones y a las presentaciones de cómics y libros.

Hay que dejar en claro que el inicio del cosplay se dio antes de la Segunda Guerra Mundial, lo cual detuvo su expansión, y se retomó una vez finalizada esta guerra. Es más, vuelve con mayor fuerza, especialmente con el impacto que tuvo *Star Wars*.

Nobuyuki Takahashi importó este concepto a Japón, después de ir a estas convenciones. Al momento de regresar, impulsó el uso de cosplay, aunque su propósito era ser una edecán, para entregar volantes y llamar la atención a los visitantes, para que se acercaran a las mesas de *manga amateur*.

El primer *cosplay* del que se tiene registro en Japón es el de una persona que fue con un *cosplay* libre, ya que era de su autoría propia. Pero, como en EE. UU., esto hizo que se propagara en las futuras convenciones.

Sin embargo, el primer *cosplay* base le perteneció a una japonesa «que se disfrazó específicamente de un personaje de Capitan Harlock (...) una ayudante». [24] Este se considera el primer *cosplay* realizado en Japón.

Aunque el *cosplay* surgió para expresar cariño y aprecio a una obra en particular o una de autoría propia, poco a poco, nacieron los concursos de cosplay en las convenciones. Estos se dividen por la calidad del cosplay; ya sea en la caracterización del personaje; a lo que se refiere; los detalles del traje; los detalles de la armadura si es un mecha; si se apega al personaje o si no; si su vestimenta, la estelizacion de la peluca y los *props*.

Otro modo de competencia es el *performance*, en donde el cosplayer en cuestión hace una imitación del personaje, ya sea cantando o actuando.

Hay muchos concursos de cosplay en el mundo. Como ejemplo, se tomará, aquí, uno de los concursos más grandes y populares, en el que se lleva a cabo una competencia amistosa entre diferentes naciones.

El 12 de octubre del 2003, en el *Rose Court Hotel,* en Nagoya, se llevó a cabo el primer *World Cosplay Summit* (WCS), con la participación de cinco cosplayers provenientes de Alemania, Francia e Italia.

En esta primera edición, un programa de televisión produjo y trasmitió, el 24 de noviembre, un episodio que contaba cómo era la situación contemporánea del anime y el manga en Frankfurt, Paris y Roma.

Dos años después el WCS sufrió una reorganización. Dejó de lado las invitaciones e inició un sistema de clasificación con eventos preliminares alrededor del mundo.

Los concursos de *cosplay* fueron hechos de dos maneras: individual y grupal. La competencia reunió a cuarenta participantes de siete países. La cosplayer, que se coronó como la primera campeona del WCS, fue Giorgia Cosplay de Italia, con el cosplay de Sirene de *Devilman.*

Durante el mismo evento del 2005, ocurrió un incidente con el equipo estadounidense. No se le dejó participar en la categoría grupal con la excusa de que el grupo hacia un cosplay de los personajes de la mangaka Riyoko Ikeda. La mangaka había mencionado antes, que no les hacían justicia a sus personajes.

Algo similar ocurrió el 18 de junio del 2023 con la cosplayer Lily Flute. Esta cosplayer tiene una particularidad que la distingue del resto: ella toca, con flauta, temas de animes mientras viste un cosplay de dichos animes.

En esta ocasión, la *cosplayer* fue a Disneyland Tokyo con el uniforme del anime *Oshi no Ko*, para interpretar una canción. Durante su grabación de video, fue interrumpida por la seguridad del parque, ya que el cosplay está prohibido dentro de las instalaciones.

Ya que, usar cosplay de los personajes de Disney, allí, puede ocasionar malentendidos. Y usar cosplay de otras franquicias puede considerarse como un medio de propaganda.

Lily Flute emitió una disculpa por sus redes sociales, afirmó «que creía que estaría permitido, dado que no se trataba de un personaje Disney, y que el personal de acceso no le informo de ninguna restricción». [25]

El WCS siguió adelante, hasta que se volvió parte de «*Visit Japan*» en el año del 2007, al mismo tiempo, los países que se unieron al evento ascendieron a 12 países, con 28 participantes. El evento siguió adelante, creció en popularidad y en noticias que dar.

En el 2017, el «WCS permitió el uso de diálogos y escenarios de adaptaciones japonesas live action para las actuaciones». Además, «durante la etapa final del campeonato los participantes de Taiwán y Brasil hicieron propuestas de matrimonio inesperada en el escenario». [26]

Algo similar ocurrió en Torreón, Coahuila, durante la *Nezumihara*. Sucedió durante la presentación de una *cosplayer* internacional, mientras ella hablaba sobre su carrera y lo que había vivido durante esta; específicamente al término de su presentación, mientras se daba una sesión de preguntas y respuestas.

Durante esa sesión, las preguntas abarcaron exclusivamente su carrera hasta que una persona que iba de cosplay de caballero, le pregunto si tenía pareja y ella contesto que no tenía. En cuanto escuchó la respuesta, el que pregunto se arrodilló y, mientras sacaba su espada, le propuso ser su pareja. Ella solo respondió que no e hizo, con la mano, una seña para que se fuera.

Se pudo ver en su rostro la incomodidad de la pregunta. Aunque esto no es lo único a lo que se enfrentan las *cosplayers* durante sus presentaciones o mientras se encuentran en sus stands. El tema del acoso se explorará en los siguientes capítulos.

Dejando de lado los concursos, el cosplay dejó de estar solo en convenciones y se trasladó a diferentes lugares, uno de ellos es el cine.

«¡Esta es tu oportunidad de asistir a nuestra fiesta de cosplay de Attack on titan y proyección de estreno en Singapur!»,[27] era el anuncio, para la *premiere* de la primer parte del *live action* del famoso manga, del mismo nombre.

En Panamá, la tiktoker *@dianamonsters* «compartió el divertido video donde se aprecia a la joven recorrer un centro comercial en Panamá y llegar a la entrada del cine dentro del vehículo». [28] [29]

El *Konnichiwa Festival* se inició en 2014 y es el encargado de traer películas de animación japonesa a Latinoamérica, lo cual ha permitido acudir a ver las películas con el *cosplay* de algún personaje.

Eso ocurrió durante el estreno de *Evangelion 3.01 + 1.01* y en *Kaguya-sama wa Kokurasetai: First Kiss wa Owaranai*; se presentó una *cosplayer* que fue vestida de Rei Ayanami y Kaguya, respectivamente. Ello alegró más la asistencia a la película.

Los estrenos de películas esperadas han permitido al *fandom* ir vestidos de los personajes que más les gustan, sin los prejuicios. Como el caso que se dio en Tapachula, Chiapas, México, en el estreno de la película de *Super Mario Bros*, al que una familia entera fue vestida como los distintivos personajes de la franquicia.

Usar un cosplay conlleva robar miradas y crear admiración por los detalles que tienen. Porque no solamente es ponerse un disfraz o usar un traje escotado, es caracterizar al personaje.

De igual forma en la *World premiere fan events*, que se celebró en algunas ciudades del mundo, «las estrellas y los ejecutivos de Marvel tomaron la alfombra roja junto a una gran cantidad de afortunados fans y cosplayers». [30]

Esto permite ver el impacto que ha causado esta moda ya que, en cualquier punto del mundo e inclusive en eventos que se pueden considerar más formales, el cosplay ha entrado.

En la graduación de la Universidad Tecnológica de Torreón, del año 2023, una alumna recibió su título (y fue a la ceremonia) vistiendo un cosplay de Yor Forger, del managa *SPY x FAMILY* del mangaka Tatsuya Endō el vestido negro.

Ver la escena fue impresionante, ya que, aunque hubo risas, la joven se veía feliz. Pero esto no fue un caso aislado, en la Universidad de Kyoto es algo habitual.

Durante la graduación, es normal ver, tanto a estudiantes que usan toga y birrete como a aquellos que van de *cosplay*. Por ejemplo, *Chi del anime "El dulce hogar de Chi*, Black Sabbath de *Jojo's Bizarre Adventure* y *Sento-Kun*, la mascota de la ciudad de Nara». [31]

El reglamento dice que no se requiere una vestimenta formal, pero que vayan vestidos de manera adecuada para la ocasión; eso crea una laguna para que los estudiantes puedan hacer *cosplay*. Aunque han intentado cancelarlo, no llegó a nada.

Las bodas no se quedan atrás. El evento social donde dos personas se unen, cuando dos familias se vuelven una; esta celebración también ha sido utilizada para demostrar el amor que se tiene al cosplay y a los personajes.

Uno de los aspectos más emblemáticos de una boda es la novia. Desde 1840, el vestido blanco se popularizó gracias a la reina Victoria y a los medios de comunicación.

Esta fue la razón por la que la cosplayer, Madoka Lockser, se vistió con un *cosplay* libre, del personaje

Asuka Langley Soryu. Respetó el vestido blanco pero también la caracterización del cabello y los accesorios del *plugsuit.* [32][33]

Inclusive en Taiwán, durante el ejercicio de practica sobre cómo actuar en un asalto a mano armada en un banco, los policías que fungieron el papel de ladrones «decidieron hacer cosplay de Loid Forger y Anya Forger (...), esto para llamar la atención (...)». [34][35] Estos personajes son del manga *SPY x FAMILY* del mangaka Tatsuya Endō.

Aunque sea algo inverosímil, en la política se hizo presente el cosplay. Lai Pin-yu, que pertenece al *Partido Demócratico Progresista de Taiwán*, durante la campaña para la candidatura por la legislatura del distrito 12 de New Taipei, innovó al usar este medio para su campaña y así atraer al pueblo. A algunas de sus apariciones públicas, iba con cosplay, lo que hizo le ayudo a ganar el afecto de la comunidad *otaku* de Taiwan. Pero, así como le fue de ayuda, sus compañeros políticos no se callaron para expresar su inconformidad, al mencionar que no se vestía como es debido.

Eso no le importó a la entonces candidata y se puede ver, en fotografías de ella en la calle y en conferencias de prensa, con el *cosplay* de Asuka Langley del anime *Neon Genesis Evangelion*.

De igual forma, en su página de Facebook, mientras hacía cosplay de Sailor Mars, del anime *Sailor Moon*, mandó un mensaje a su audiencia pidiendo consejos, ya que había ganado las elecciones. [36]

También lo hizo durante el Festival del Medio Otoño del 2022. La legisladora, Lai Pin-Yu; junto con su pareja, el concejal del Condado de Miaoli, Tseng Wen-Hsueh; y Huang Jie, concejala de la Ciudad de Kaohsiung, se reunieron para hacer *cosplay* de la familia Forger del manga *SPY x FAMILY* del mangaka Tatsuya Endō.; Yor, Loid y Anya respectivamente [37].

Pero los políticos que hacen cosplay no son únicos de Taiwan. En Argentina, se vio una unión entre el, entonces, candidato a la presidencia Javier Milei y *Chainsaw Man*. El candidato, durante su campaña, utilizaba una motosierra para simbolizar que cortaría con lo que hunde al país. Por lo cual, la periodista Liliana López Foresi comparó al candidato, Milei, con Pochita. Dijo «tened miedo, tened miedo, (...) pochita es peligrosa, esa motosierra es un símbolo siniestro (...)". Pero, irónicamente, el pueblo argentino, en vez de mirar con temor a Milei y su campaña, la empezó a aceptar y dar publicidad con *fanarts*, además de acudir a los mítines con peluches de Pochita. [38].

Pero no se quedó solo con los peluches y *fanarts*. Lilia Lemoine, que trabajaba junto a Milei, fue con cosplay de Makima a un mitin; inclusive un votante fue con cosplay de Denji, en su forma hibrida, con la sierra en la cabeza, a dejar su voto en la casilla. [39][40]

En la Liga MX, que es la liga mexicana de futbol soccer, la mascota, Tibo Jarocho, del Club Deportivo Veracruz (también conocidos como los Tiburones Rojos de Veracruz), hacia cosplay de diferentes personajes; tanto históricos, del anime, profesiones, religiosos, entre otros. [41]

Uno de sus cosplays más destacados fue el de Miguel Hidalgo, considerado el padre de la patria. El Tibu, llevó la vestimenta del cura Hidalgo junto con una peluca blanca a los lados y un estandarte con el rostro del Tibu, junto a la leyenda: «*Viva los tiburones*».

Hacer un cosplay de unos de los personajes más queridos de México, tampoco se le escapó de las manos al Tibu. Se vistió de Goku con el ultra instinto activado al 100 %. Mostró sus músculos y portó solo sus pantalones, muñequeras, botas y una esfera del dragón.

De igual forma, el Pachi Aguilar, la mascota del

equipo El águila de Veracruz que participa dentro de la Liga Mexicana de Béisbol, llevó el cosplay de Fénix, del anime *Caballeros del Zodíaco.* [42]

Durante el 2004, en el municipio de Xalapa, Veracruz, México, un grupo de amigos, Manuel, Ángel, Tania, Carlos e Iván, crearon un falso documental sobre un evento que se inventaron. Esto debido a que no había ninguna noticia impactante en el lugar donde vivían.

Establecieron que la fecha de la realización del falso documental sería el 15 de septiembre, porque ese día se celebra la Independencia de México. Así, habría gente reunida y las calles cerradas, para que el grupo de amigos pudieran trabajar.

«La idea era filmar un falso documental sobre un evento desconcertante: una carrera de melones previamente entrenados por sus dueños (...) y filmaron a tres melones rodando en el puente de Xallitic, una calle muy empinada de unos 150 metros». [43]

Para la sorpresa de los amigos, las personas se acercaron a ver la extraña carrera; no faltaron los aplausos, los vitoreo y las apuestas. A pesar el éxito en la carrera, para la tristeza de los amigos y la sorpresa de nadie, el falso documental no despegó.

Pero esto no desanimó al grupo de amigos, decidieron que en el año siguiente sería una carrera de verdad e hicieron propaganda invitando a las personas a que se inscribieran a la carrera de melones decorados.

Hubo más participantes, se repartieron premios a los tres primeros lujares y la carrera alcanzó la fama que no había logrado el falso documental. Y, después de tantos años, la carrera sigue; en la carrera de 2023, los participantes fueron aproximadamente doscientos.

La carrera es bastante sencilla. Se alinean todos los melones en el puente de Xallitic, sobre una base que se utiliza para que rueden al mismo tiempo y no haya intervención de los participantes, como empujarlos con mayor fuerza. Además, durante la carrera, los participantes pueden avanzar a lado de sus melones animándolos, pero está totalmente prohibido tocarlos, eso descalificaría al participante.

Pero, ¿cómo podrían animar su melón si todos son iguales? La respuesta a esta pregunta es la característica principal de la carrera, a los melones se les personaliza. Van desde pintarlos con colores sobrios y dibujarles memes populares, como la silueta de un balón de fútbol; la máscara de un luchador; el Jolly Roger de los sombrero de paja del anime *One Piece*; hasta disfrazarlos; como Frijolito, de la caricatura *Mucha Lucha*, dentro de un ring; un alien dentro de su nave espacial; el perrito Cheems con la frase «¡me da ansiedad perder!»; o un cajero del Oxxo junto a su tienda. [44] [45]

Todos estos disfraces tienen una razón de ser. Antes de la carrera se hace un concurso: «*El melón más guapo*». Allí se tiene libertad creativa y el ganador se decide por medio de aplausos.

El séptimo arte también ha tenido películas con *cosplay*. El 8 de junio del 2018, en Japón, se estreno: «*When I get home, my wife always pretends to be dead* (家に帰ると妻が必ず死んだふりをしています)».

Esta película cuenta la historia de un hombre, Jun, y su esposa, Chie. Cada noche, al llegar Jun a su casa, encuentra a Chie representando un escenario de su propia muerte.

Chie siempre caracteriza una muerte diferente: es asesinada por disparos en la cabeza, por una flecha que le atravesó el cráneo, es un fantasma o tiene su cabeza dentro de las fauces de un cocodrilo, entre otras.

El origen de esta película es inusual. En el 2010, «una pregunta sobre el matrimonio se volvió viral en Yahoo! Japón. Un marido pregunto a los usuarios cómo lidiar con su esposa que repetidamente se hacia la muerta cuando regresaba a casa del trabajo». [46]

No solo en la pantalla grande el *cosplay* se hace presente, la pantalla chica no se queda atrás. En EE. UU. en 2013, de la mano de *Syfy*, se estrenó el *reality Heroes of Cosplay*, que seguía a varios cosplayers en el proceso de confeccionar su vestimenta, su viaje a los hoteles para las convenciones y la preparación del cosplay antes de entrar a la convención. Cubrió los momentos dentro de las convenciones y sus interacciones con los asistentes, así como sus apariciones en las competencias.

En el año 2017, en EE. UU., de la misma mano de *Syfy*, se estrenó un segundo *reality*: *Cosplay Melee*. Consistía en la competencia entre cuatro cosplayers, por un premio monetario. Se trataba de tres rondas en las que respondían preguntas sobre su cosplay y, finalmente, modelaban su cosplay frente a los jueces, para elegir al ganador. Cabe recalcar que, en cada episodio, había diferentes cosplayers.

Años más tarde, los reality de cosplay dejaron EE. UU. y se trasladaron a Malasia, de la mano de *Iflix*. Con el nombre de *Cosplay Heroes*, el reality seguía a seis cosplayers, durante la temporada, que tenían como objetivo crear un *cosplay* libre y ganar un premio monetario.

Dejando de lado los *reality*, hay que notar que el anime ha retratado el cosplay en diferentes obras. Una de ellas es «*Wotakoi: El amor es difícil para un otaku* (ヲタクに恋は難しい)», creado por Fujita. En esta serie hay un personaje llamado *Hanako Koyanagi,* que es amiga de la protagonista. En la obra, ella es una famosa *crossplayer* que disfruta de ir a las convenciones.

Cosplay Complex es uno de los pocos animes donde la historia se centra en el cosplay. Esta obra cuenta sobre el club de cosplay de la Academia Oizumi del Este, que trata de llegar al campeonato de *cosplay*. Entre las integrantes del club esta Chako Hasegawa, personaje principal, quien a pesar de no ser muy hábil, porque se pincha los dedos al confeccionar los trajes y rompe el vestuario, no se detiene.

Con ayuda del club siempre sigue adelante y deja fuertes mensajes para aquellos que buscan adentrarse en este mundo, por ejemplo, durante el primer episodio hay una competencia y la protagonista tenía en la mente la victoria, pero ella menciona que el cosplay se debe disfrutar.

La diversión es la característica de Chako, ya que, aunque todo le salga mal, siempre encuentra la forma de sonreír ante el mal tiempo; ya sea para sí misma o para ayudar a alguien. Esto es algo que logra demostrar durante el tercer episodio, mientras está en una competencia contra una escuela rival, y se divierte en todo el proceso de hacer el cosplay, desde la confección hasta mostrarlo terminando al público.

Incluso en la música de la obra, el cosplay está plasmado. La letra de la canción del inicio, *Moete Koso Kosupure* por Nogawa Sakura, habla del proceso de hacer un cosplay y posar para las fotografías, del sentimiento de pasión por el cosplay ya que se puede ser cualquier personaje. Y la canción final, *Cosplay Ondo,* también por Nogawa Sakura, habla de que el inicio es lento y algo difícil pero el final será divertido, aún si hubo errores. Aunque es dirigida a Chako y Derumo, es aplicable a cualquier persona. Al mismo tiempo que suena la canción, aparecen fotografías de diferentes cosplayers, y estos cambian en cada episodio.

En la mayoría de las adaptaciones, el *cosplay* es un punto fuerte; ya sea para la trama, para entender a ciertos personajes, o para generar mercancía. Sin embargo, este también puede abarcar los aspectos que perjudican a los personajes que aparecen en la obra. En la en la película anime «*Aura: La última guerra de Koga Maryuin (AURA* ～魔竜院光牙最後の闘い～*)»*, una adaptación de una novela ligera del mismo nombre se puede apreciar cómo el personaje, Ryoko Sato, sufre acoso e intimidación a causa de que usa cosplay en la escuela. Además, realiza performance no importa en donde se encuentre. Aunque el aspecto principal de la obra no es el cosplay, es un punto fuerte; se presenta como la forma en la que Ryoko vive su vida y como, por ello, sigue adelante a pesar de lo que le ocurre.

Sin duda, hay más obras que utilizan el cosplay dentro de su historia, así también hay presentadores de televisión que se disfrazaron de personajes infantiles, en fechas conmemorativas. Y, siguiendo la misma idea, hay podcasts donde utilizan *cosplay*, ya sea por fechas o por tener una cosplayer como invitada.

Pero no queda todo allí, tan grande es el impacto del cosplay, que se instituyó el «*Día del Cosplay*». Aunque no de manera oficial, la cosplayer Jennifer Alice y DC Anime Club escogieron el día 27 de agosto para celebrar y se lo hace desde el 2010.

Jennifer Alice menciona que creó el «*ICD* (*International Cosplay Day*) como una vía para que los cosplayers de todo el mundo pudiera celebrar su amor al cosplay juntos, incluso si no viven en un área con convenciones (...)». [47]

Se puede entender que el *cosplay* es algo que se ha adherido a la cultura popular. Pero, como cualquier cosa que llegó a la mente de las grandes masas, tiende a crear gran admiración por las *cosplayer* tanto formales como informales. Y, como Sir Isaac Newton planteó en la tercera ley del movimiento, «con toda acción ocurre siempre una reacción igual y contraria (...)». [48]

En el parque Disneyland en Orlando, EE. UU., en el 2022, hubo un incidente de toqueteo hacia un actor que personificaba a Gastón, de la popular película *La bella y la bestia.*

Una joven se acercó al asistente, mientras él se mantenía en personaje, y le tocó los pectorales. El asistente le dijo que se vaya, aunque la joven no le hizo caso e intentó tocarlo de nuevo. Él, mantuvo la compostura y con un tono de voz más alto le repitió que se vaya. Ella pensó que todo era un juego, a pesar de escuchar varias veces la petición del asistente. La joven no hizo más que reírse hasta que el asistente le puso la mano en la espalda y la instó a irse. [49]

En el mismo año, en el centro de convenciones Makuhari Messe, en la Prefectura de Chiba, Japón, durante la *Niconico Chokaigi*, se tomó un video a una cosplayer, por debajo de la falda.

Cabe resaltar que la cosplayer en cuestión, cuyo nombre se ocultó, era una estudiante de secundaria y se hallaba participando en un evento tan grande, por primera vez.

Por desgracia, le toco ser víctima de un crimen muy bajo, por parte de un grupo de hombres que la rodearon y le dijeron que solo querían tomarse fotografías con ella, mientras que el detenido, se ubicó detrás y aprovechó para grabar un video.

El arresto del hombre fue hecho, gracias a que un reportero de Sirabee grabó lo ocurrido y fue con la policía. Estos lo identificaron y al día siguiente lo arrestaron, a pesar de que el perpetrador se cambió de ropa dos veces, una con la que entró y otra con la que salió de un baño.

La policía lo confrontó y reprodujeron la información de la cámara que llevaba. Encontraron varios videos en los que intentaba grabar debajo de la falda de una chica, por lo cual fue llevado a la comisaria. [50]

En México, en 2019, en la ciudad de Orizaba, la cosplayer Nozomi Shirayuki sufrió acoso y toqueteo por parte un visitante, durante la convención donde se presentaba.

Un joven se acercó a Nozumi Shirayuki a pedirle fotografías con bastante frecuencia, en la penúltima, este se propaso con ella. Según las propias palabras de la *cosplayer*: «Este sujeto tocó mi trasero en una expo de anime». [51]

Mencionó que ella no supo que hacer, quedó en estado de shock, pues solo era una fotografía. Ella intentó quitarse la mano de encima, pero el opuso resistencia. Fue entonces que ella le dijo que la dejara de tocar, por lo cual él agarró su celular y se fue.

Este joven, pensando que no había pasado nada, volvió una vez más a pedirle otra fotografía Ante eso, ella le respondió que no se le volviera a acercar y que la dejara en paz.

Más tarde, ella presento una denuncia que, penosamente, no sirvió de nada. Por esta razón, ella contó en su página de Facebook lo ocurrido, a través de publicaciones con fotografías de ella y su acosador. Esto generó comentarios, tanto dando apoyo como condenándola como víctima.

En 2015, en la *Festigame*, en la Estación Mapocho, Chile, la cosplayer Jessica Nigri fue invitada como jurado para el concurso que se iba a efectuar.

Para presentarse como jurado, utilizo un cosplay de Super Sonic y los espectadores empezaron a gritar «*mucha ropa*». Los asistentes solo se quedaron mirando y no hicieron nada.

La respuesta de Jessica Nigri fue cambiarse y no estar en cosplay por el resto del concurso. Uso una sudadera con capucha y unos *jeans*, pero eso no paro los vitoreos, gritos y chiflidos.

Durante todo el concurso, cuando las mujeres salían con sus *cosplay*, la multitud se soltaba en gritos. Pero, cuando los hombres salían, o mujeres en gender bender el público no gritaba ni vitoreaba.

Con respecto a esta actitud de no tomar en serio el trabajo de todos los cosplayers, Nigri menciona que estaba «particularmente molesta con el hecho de que, como no estaban escasamente vestidos, la multitud no querría tener nada que ver con ellos. Apenas había aplausos». [52]

Esto es lo que se llama denigración del cosplay por sexualización. Por desgracia, una gran parte del público que consume cosplay solo se enfoca en que tan desvestida esta la cosplayer.

Estos casos de acoso siempre existieron y han generado movimientos contra el acoso de *cosplayers*. Una de esas respuestas fue un video que hizo una cosplayer australiana, Adella, en el que da pautas para ser buenos *fans* y no ser tildado de acosador. [53] [54]

Debido al amplio acoso que han sufrido las cosplayers, se ha levantado un estandarte que se alzó en ciertas convenciones: «***Cosplay* no es consentimiento**».

Pero el problema no es, únicamente, las personas que acosan de manera sexual a los y las cosplayers, también han surgidos problemas con la sociedad. Unos que han escalado hasta la presentación de leyes para la regulación del cosplay.

Esto es porque, en ciertos círculos, el cosplay se considera una violación a los derechos de autor. Por esto, querían encontrar la forma de que los y las cosplayers busquen la aprobación de los que tienen los derechos, para poder hacer uso de los personajes.

Esto se dio porque se puede asociar a personajes, ya sea con una ideología o con los comentarios del cosplayer en cuestión. De dicha manera, es posible dañar a los dueños por el uso de la propiedad intelectual; eso generaría pérdidas y, además, perderían regalías por uso.

En Japón, el político Tarō Yamada, miembro de la Cámara de Consejeros y líder del Partido para Proteger la Libertad de Expresión, comentó en un *tweet*, en el 2021: «Es necesaria una legislación que proteja el ecosistema que beneficia tanto a los cosplayers (...)

sin dañar los intereses económicos de los titulares de derechos de autor (…) examinaré cuidadosamente la revisión de la ley de derechos de autor, centrándome en la cuestión del cambio de derechos morales a derechos de propiedad, promoción de distribución y compensación». [55]

Caso contrario es el de China, que busca prohibir el cosplay en todo el país, aunque solamente cuando plantee claras referencias a la cultura nipona o británica. Esto ha ocasionado que en el 2023 se presente un borrador de la *Ley de Castigo de la Administración de Seguridad Pública*».

En el artículo 34 de dicha ley, se menciona que «usar ropa o símbolos que sean perjudiciales para el espíritu de la nación (…) y «participar en actividades en lugares públicos que sean perjudiciales para el (dañan el) medio ambiente y la atmósfera de la conmemoración de héroes y mártires». [56]

Se ha llegado a cancelar un evento por abarcar la cultura japonesa; llámese, comida, escenas de templos, tablillas de madera para pedir deseos (*Ema*), entre otras cosas. Eso sucedió en el año 2022, en la convención *A3×ComicDawn18 Summer Festival*, en la Ciudad de Nanjing. El evento se dio a conocer y no causo gran controversia. Pero, con el paso del tiempo y la cercanía de su fecha de inauguración, en la red social Weibo se escribieron críticas contra la convención, lo que llevo a la cancelación del evento.

También se ha visto ataques a cosplayers en la vía pública. El 10 de Agosto del 2022, en la Ciudad de Suzhou, China, la cosplayer Shadow Not Self (是影子不是本人) recorría la calle Huaihai conocida como Pequeño Tokio, ya que hay muchos restaurantes y negocios japoneses; el lugar se utilizó para una sesión de cosplay de Ushio Kofune, del manga *Summer Time Rendering.* La joven usaba un kimono de verano de algodón y realizó su sesión sin problemas, hasta que, al terminar, pidió un takoyaki y, mientras esperaba su orden, llegaron unos oficiales de policía.

Se le cuestionó por el uso de *kimono* al ser ella china y le dijeron que debería estar usando un *hanfu*, la ropa tradicional china. Finalmente, se la llevaron y «fue liberada de la estación de policía cinco horas despúes de recibir algo de 'educación' y la policía investigo el contenido de su teléfono». [57] [58]

Se viralizó el video en donde se puede ver los últimos momentos de la discusión entre la cosplayer y los policías, seguido por su detención. La situación escalo hasta que el político, Hu Xijin, comentó en sus redes sociales que los ciudadanos tienen el derecho de usar *kimonos* en público, aunque la antipatía contra Japón aumentaba; por ello mencionó que habría que leer el ambiente para evitar meterse en problemas. Pero, en *Weibo*, se abrió la discusión sobre si estaba bien o mal lo que sucedió; con el hashtag #Huxijin hablaron de cómo se llevaron a una niña solo porque vestía un *kimono* (#胡锡讲谈女孩穿和服被带走). [59]

Occidente no se queda atrás. En una plaza de Pachuca, Hidalgo, México, un grupo de *cosplayers* fueron acosados por un policía que les impedía el acceso al lugar., Según la oficial, era necesario un permiso para poder ingresar disfrazados; los jóvenes respondieron que, anteriormente, ya habían ingresado al establecimiento sin problemas y que no hacían publicidad de ningún tipo, además de que comprarían en los establecimientos de la plaza. [60]

Aunque ofrecieron sus explicaciones, nada lograron, se los llevaron a un cuarto en donde los tuvieron por un tiempo. Los jóvenes grabaron videos de cómo los detuvieron, a lo que la oficial les remarcó que no estaba permitido tomar videos. Después de estar un ticmpo cnccrrados, los jóvenes fueron puestos en libertad y se marcharon.

No siempre se ha tratado mal a los y las cosplayers. El canal *Paolo fromTOKYO*, sube diferentes tipos de videos de la cultura japonesa; por ejemplo sobre comida, cultura, noticias, datos curiosos y como es un día en diferentes profesiones y oficios. De hecho, subió un video titulado «*Día en la vida de un típico trabajador japonés de cosplay (Day in the life japanese cosplay worker)*». Yuzuchi es la cosplayer a quien sigue el video, que muestra un día de sesión de fotos, desde el momento en que se despierta, su preparación para la sesión y su viaje al lugar acordado. Mientras graba, cuenta un poco sobre su historia, muestra levemente su sesión, su comida y comenta sobre su cuenta social en *COS-PO*. Al seguir con su día, acude a verse con una amiga, muestra su vida social, comparte cómo es que se conocieron y relata algunas cosas sobre su vida estudiantil. Al término de su salida social, regresa a su hogar para compartir su trabajo nocturno como *streamer* y, finalmente, se toma un momento para sí misma. [61]

Aunque es aceptado, el cosplay conlleva cierto grado de rechazo por parte de algunas personas hacia los que hacen *cosplay* o, como los primeros dicen, «*se disfrazan*». El deseo de verse en un personaje e interpretar al que admiramos o con quien nos parecemos, no ha menguado sino que se reafirma cada día. Es algo que ha escalado a tal grado, que han nacido cursos de *cosplay*, de creación de accesorios y de maquillaje para cosplay, incluido bodypaint.

COSPLAYERS

Este capítulo se adentra en la forma en que el cosplay ha repercutido entre las personas que decidieron entrar a dicho mundo, también se dividirá en dos categorías. Por un lado, *cosplayers profesionales*, enfocado en las cosplayers que ya existen en el consciente colectivo, que asisten a convenciones en condición invitadas y tienen cuentas de redes sociales donde son identificadas como cosplayers.

La otra categoría es *cosplayers amateurs*, aquellas que, sin intención de ofender su trabajo, hacen cosplay por hobby más que por una recompensa económica o social.

Danna Paola Makeup es una *bodypaniter* proveniente de Costa Rica. Ella inicio con el dibujo, aunque menciona que al inicio era mala, eso no mermó su gusto por este arte. Por el contrario, es a través de la práctica que ha mejorado. Desde la adolescencia se maquillaba pero solo maquillaje convencional, pues nunca pensó en hacer *bodypaint*. Fue durante la pandemia del COVID-19, mientras estaba aburrida, empezó a navegar por Pinterest y vio una imagen de *Los padrinos mágicos*.

Pensó en pintarse la imagen en el rostro y lo hizo, pequeños dibujos adornaron su rostro. Lo publicó y fue del agrado para la audiencia, así que compro una paleta de pinturas para *bodypaint*, «*Pintacaritas*», llamada así porque solamente era para el rostro. De todas formas, uso la misma pintura en el resto del cuerpo y lo usó de lienzo.

Esto ocurrió cuando tenía 18 años, su hobby de maquillaje se tornó en algo de todos los días. Empezó a hacer bodypaint, emocionada cuenta que: «se me hizo como una adicción y todavía tengo esa adicción, si por mi fuera me maquillo todos los días, pero es que ya no me da tiempo (...) una adicción de estar intentando y mejorando (...)». [62] Puso todo su esfuerzo en mejorar este arte y, aunque «la gente no aprecia lo que se hace», eso nunca la ha detenido. Es así que decidió hacer un bodypaint de un monstruo azul, sin ojos y cuyas cuencas están llenas de dientes; lo que recibió mucho apoyo por parte de sus *fans.*

«Es divertido traerlos a la vida, (...) les da mucha ilusión a los niños, y a uno como artista también, no es que uno se crea el personaje, (...) es un arte y hay gente que, si le gusta apreciarlo y hay gente que no», es lo que comenta acerca de los comentarios que recibe.

Pero, durante esa época, su madre se convirtió en la persona que más la criticaba; se burlaba de ella diciéndole que le faltaba vergüenza, que se veía como un payaso, que se pintaba por estar loca. Pero Danna siguió usando el bodypaint para divertirse y expresar sus sentimientos. Como ella menciona, se volvió algo que disfrutaba y sus amigas la apoyaron diciéndole que se veía muy bien, eso la alentó a seguir con su hobby.

Pero su mayor fan también fue parte de su familia sanguínea: su abuelo. Cuando empezó a publicar sus trabajos en la plataforma TikTok, éste descargo la aplicación para poder ver a su nieta y empezó a cuestionarle sobre porque no subía ningún video. Ella menciona que su abuelo es la razón para no dejar suspendida su cuenta.

En uno de sus primeros concursos, tuvo que maquillarse en 20 minutos. El tema del concurso era «*cuentos de hadas*», así que Danna Paola Makeup se maquilló la mitad de la cara de caperucita roja y la otra mitad, del lobo. Ya tenía consigo la canasta con pan y los accesorios y terminó su maquillaje en 12 minutos; mientras esperaba que las demás acabaran, empezó a comerse el pan de su canasta. Su trabajo rindió frutos; ganó el concurso.

En base al número de seguidores y los concursos que ha ganado, marcas la buscaron para hacer publicidad. Todo esto hizo que se dé cuenta de que todo su trabajo ha valido la pena; a pesar de que le cuesta reconocer su trabajo y por ello sigue buscando la manera de superarse.

Menciona que sus gastos en bodypaint son muy bajos. Aunque esto suene a mentira ya que el maquillaje es caro, la pintura que utiliza cuesta alrededor de 3 dólares americanos por cada tubo de pintura; si se le agrega esponjas, WI-FI y pinceles, en total se calcula 5 dólares americanos, aproximadamente. También tiene público que la apoya, además de patrocinio.

Pero eso no la ha librado de los malos comentarios. En algunos *lives* que acostumbra hacer para mostrar su proceso de bodypaint, uno que va desde la altura del pecho hasta su rostro (cabe aclararlo para saber el tipo de comentarios que recibe), le suelen escribir *«que se baje la blusa»*. Ella, como profesional, ignora a esas personas y sigue con su arte, dándole mayor importancia a todos sus fans; aparte deja que su esposo lidie con la gente que quiere romperle el ambiente.

Su meta es separar una vez a la semana, como mínimo, para hacer bodypaint; es su manera de realizar terapia, soltar el estrés de la vida cotidiana y alimentar el deseo de compartir su trabajo.

Su trabajo como bodypainter creció tanto que apareció en *«Informe 11»*. Le hicieron un reportaje contando su historia y mostraron fragmentos de un bodypaint basado en el *Día de la Mascarada*, desde que sacó sus pinturas hasta que terminó. Además, agregaron otros clips de diversos videos de su cuenta de TikTok. [63]

Otro contacto que se hizo para este libro fue con una cosplayer que desea mantenerse en el anonimato, para efectos prácticos se le llamará Cosplayer A. Ella comentó que durante su infancia tenía ansias de que llegara el Halloween, ya que deseaba vestirse e interpretar a personajes.

Su gusto por las caricaturas y los videojuegos la guio al anime y manga; mientras veía videos en You-Tube, se encontró con uno que mostraba a cosplayers en una convención americana. «Quedé fascinada con el concepto» comentó. Más tarde, gracias a una amiga que «compró un *cosplay* para ir a una convención y ahí fue cuando más me dieron ganas de también intentar hacer *cosplay*». [64]

Cosplayer A cuenta que el «(...) cosplay (...) une muchos aspectos creativos y artísticos que me gustan mucho, el transformarte en un personaje que te gusta y traerlo a la vida, así como compartir tu amor por el personaje (...)». Durante el inicio, a su familia le resultó extraño pero sus inquietudes desaparecieron al entender que solo era una forma de disfrutar las convenciones de anime.

Durante sus primeros años era estudiante, por lo que sus padres le ayudaban con el financiamiento de sus primeros cosplays y con el traslado a las convenciones. Fue entonces que empezó a ver tutoriales para pulir sus habilidades de creación de cosplay.

Su carrera ya estaba en asenso cuando empezó a salir con su pareja. Cosplayer A lo mantuvo en secreto porque no sabía cuál sería su reacción, pero fue cuestión de tiempo para que ella empezara a compartir su pasión. Ante lo cual, su pareja se mostró dispuesto a conocer más sobre el tema y demostró su apoyo; de hecho sigue demostrándolo porque siguen juntos.

Aunque el apoyo de su pareja no mermó, hay varios puntos a tratar al momento de querer hacer un *cosplay*. Primero el gusto personal, después el económico. Aunque se puede conseguir pelucas e inclusive cosplay completos a precios económicos, en algunas ocasiones hay que comprar materiales de calidad que, obviamente, no son baratos. Además, ella prefiere hacer sus propios accesorios, llámese armas, armaduras, etc. Lo que sí, tiene un problema cuando quiere confeccionar trajes que aún no se producen en fábrica, así que trabaja con costureras para hacerlos a su medida.

Cosplayer A comenta que, uno de los puntos a considerar al momento de invertir en un cosplay, es la temporalidad del personaje porque es mejor idea «(...) invertir en un cosplay de algún personaje "clásico" que puedas volver a usar varias veces o hacer variantes, que invertir en un cosplay de un personaje de temporada».

También cuenta que el «(...) impedimento más grande es pensar que tienes que ser físicamente de cierta forma para hacer cosplay o tener muchas habilidades artísticas ya que si no cumples con esos *"estándares"* no deberías hacer cosplay. Lo cual es falso, el simple deseo de hacer un hobby es suficiente para darle la oportunidad e ir creciendo y aprendiendo poco a poco para seguir disfrutando de ello».

El hobby se convirtió en profesión; Cosplayer A es una reconocida cosplayer que hace sesiones constantemente. Eso, ocasionalmente, hace que se encuentre con problemas técnicos como los *flashes* de las cámaras, algún accesorio que se rompe o el traje sufre percances. Cuando hace una sesión en el exterior, los principales inconvenientes son el clima, que tiene que soportar, al igual que los insectos que revolotean por todos lados. Además, las personas curiosas pueden llegar a entorpecer las sesiones, aunque, una vez explicada la situación, lo llegan a comprender. Una situación similar sucede cuando desea utilizar instalaciones privadas, primero explica la situación y lo que va a hacer, de esa manera logra proseguir con el trabajo.

Manzana Chruse es una cosplayer ecuatoriana que inició a la pequeña edad de 13 años, menciona que empezó con el maquillaje, durante una visita a la casa del horror. Se unió con una amiga para ambas ir maquilladas de catrina y, como Manzana Chruse no sabía cómo maquillarse, su madre le ayudó. Al verse de catrina le gustó mucho el resultado, por lo que empezó a maquillarse como personajes de terror y *creepypastas*, además de aprender hacer sangre falsa y heridas.

Se tomaba fotografías y las subía a su Facebook personal, también empezó a hacer videollamadas en Omegle, con maquillaje puesto, para asustar a la gente con la que se encontraba. Tiempo después, Manzana Chruse junto a un grupo de amigas, fue a una convención en Riobamba, donde conoció a un cosplayer. Ella dijo «(...) que bonito se disfraza y mis amigas me retaron y me dicen: "eso no es un disfraz es un cosplay" y yo digo "ah, qué bonito te cospleysaste"». [65]

Al gustarle tanto el cosplay, empezó a buscar más en Internet, los imprimía y guardaba en una carpeta. Empezó a imitar el maquillaje, sin accesorios, pero después compró pelucas. Menciona que no eran de alta calidad sino eran genéricas *«pelucas de fiesta»*, por lo que las retrabajó, quitando el brillo y adaptándolas de acuerdo con sus necesidades.

Algunos años después, a la edad de quince años, fue a la Ronda, una calle popular de Quito, donde varios *cosplayers* se reúnen a hacer *«cosplay callejero»*. Mencionó que «(...) se vestían súper, súper similares a los personajes, o sea eran idénticos (...) y hacían trajes súper profesional, súper increíbles, entonces los extranjeros, los turistas se acercaban y les pedían fotos».

Se hizo amiga de ese grupo de cosplayers y ellos la invitaron a acompañarlos a Riobamba, para hacer cosplay. Para eso, ella hizo un gender bender del Sombrerero Loco, de *Alicia en el país de las maravillas*. Se unieron a un desfile que se hacía el mismo día y la gente se acercó a ellos, para tomarse fotos ya que eran muy poco conocidos.

Tiempo después fue a su primera convención con *cosplay*, a las anteriores había ido de civil. Su primer personaje fue Anne Bonny, una pirata que estuvo activa a principios del Siglo XVIII, también conocido como la Edad de Oro de la piratería. Su carrera, la de Anne, fue muy prolífica, lo que la llevo a ser de las únicas mujeres dedicadas al oficio y, también, de las más famosas del Caribe.

Mientras Manzana Chruse vistió cosplay de Anne Bonny, su hermano menor hizo cosplay de bucanero. La convención a la que asistieron, según recuerda, se llamaba Riotaku y se desarrolló en un colegio. En ese momento, ella ignoraba que debía ser invitada para tener una mesa y mostrar su arte.

Menciona que «en nuestra mente de niños solo había que entrar y pedir una mesita (...) entre con mi hermano (...) y yo le pedí una mesa y sillas y creo que (...) nos vieron como que muy confiados o algo que pensaron que éramos de ahí mismos invitados, entonces si nos dieron la mesita, nos dieron las sillas, y con mi hermano pusimos (...) unas hojitas que decían "foto por 50 centavos", Manzana Chruse recuerda esta experiencia con mucho cariño y gracia.

La gente se acercó a ella y se tomaron fotos juntos. En esa misma convención, conoció a otros cosplayers y tuvo la idea de crear un grupo que llamaría «*Cosplay Free World*». Pero desechó esa idea ya que había otros dos grupos que tenían la misma finalidad, así que se unió a uno de dichos grupos que se llamaba «*Club Nakama*».

Con este grupo empezó a ir a eventos en Cumbayá, Ambato, y otras ciudades. Al mismo tiempo, se hizo amiga de diversos *cosplayers* a lo ancho y largo de Ecuador, por Facebook. Reunió así un gran número de cosplayers en un parque en Riobamba. «Yo no sé cómo hacia las cosas a esa edad la verdad, era una locura (...)», comentó Manzana Chruse, pues tenía entre 15 y 16 años cuando hizo todo esto.

Incluso la televisora TVS fue a entrevistar a los *cosplayers*, debido a que esta convivencia no era para ganar dinero ni para celebrar algo, solo para pasarla bien y dar a conocer el *cosplay*. Durante el evento, conoció a más personas del medio, lo que la llevó a ser invitada a una convención, en Quito, organizada por «*Fanatic World*» donde seria jueza del concurso de cosplay. Sin embargo tuvo un giro inesperado, ya que nadie se inscribió y por ende el concurso no se realizó. De todas formas, la gente se acercó a Manzana Chruse para tomarse fotos y convivir con ella.

En otra ocasión fue invitada como jueza junto a otras dos cosplayers pero ocurrió un problema, sus compañeras se tuvieron que ir y la dejaron sola. Eso ocasionó una gran cancelación en Facebook; ella no tenía suficiente experiencia a los ojos de los demás, y era la única jueza. Con el tiempo pudo limar asperezas y actualmente se lleva bien con las compañeras que tuvieron problemas.

Manzana Chruse casi no participo en concursos de cosplay, pero recuerda una vez que acudió junto a su hermano a Quito, ambos en cosplay de Ranma, «*Ranma ½*», respectivamente de mujer y hombre. Iban a presentar el baile de la película «*Grease*» («Vaselina»), pero por cuestiones de logística no llegaron a tiempo, debido al viaje. Pero, como ya tenían preparado todo el performance, pidieron permiso para presentarse aún sin participar en el concurso. Los organizadores los dejaron presentarse como una *actuación especial* y, aunque tuvieron problemas técnicos con la música y el video, el público les dio tanto amor y calidez que mantiene esta ocasión como «un buen recuerdo».

Respecto a sus cosplays, menciona que el maquillaje es lo que más se le dificulta y que, durante un tiempo, se frustraba porque al verse en el espejo, no se encontraba igual a la imagen en su mente. En vez de encontrar un modo de corregirlo o darle un toque personal, para hacerlo suyo, prefería vender todo el cosplay, incluida la peluca y los accesorios, básicamente todo. Después, le llegaba el remordimiento por haber perdido un cosplay completo. Por ello ahora piensa que el personaje al que quiere caracterizar «sigue siendo un personaje de ficción (...) no va a ser totalmente idéntico porque es irreal, (...) entonces el pensar que todo tiene un límite a veces es complicado, la autoexigencia también a veces es tóxica».

Cuando fue invitada a Comic-Con, estaba muy preocupada por no encajar en ese mundo. Su complexión es diferente al estándar del cuerpo que se tiene, ante lo cual aconseja que «(...) a veces la comparación es inevitable, pero cuando te autovaloras y autovaloras todo lo que (…) has trabajado se hace un poquito más fácil».

Pero hay gente que reclama ciertas cosas a Manzana Chruse. Por ejemplo, una vez subió un video a su plataforma de TikTok de su cosplay de Jinx, del videojuego *League of Legends*, y le escribieron comentarios regañándola porque el personaje tiene poco busto y, como ella tiene más, no debería interpretarlo.

También le llamaron una vez para hacer publicidad en el cine y ella se vistió de Spider-Gwen. Los malos comentarios no se hicieron esperar, un chico la criticó porque usaba zapatillas Converse y el personaje calza zapatos de ballet. Ante lo que Manzana Chruse respondió que, en la película *Spider-man: Across the Spider-Verse*, Gwen utiliza zapatillas, igual que en una serie infantil. Pero este chico no es el único, ella menciona que hay fanáticos que cuando la ven con cierto cosplay, llegan a preguntarle sobre el manga, episodios en específico, todo con el simple objetivo de dejarla en ridículo.

De igual forma, algunos seguidores piensan que porque la siguen tienen el derecho de juzgarla; mencionan que subió de peso, que bajó, o del físico en general, A esto, Manzana Chruse responde: «mucha gente deshumaniza a los cosplayers y eso es feo porque terminan viéndote como un objeto, cuando no, para nada».

Este tipo de comentarios son similares a entrevistas que suelen hacerse a las cosplayers. Un caso en particular ocurrió en la Comic-Con del 2013, con la cosplayer Mandy que hacía de Black Cat. La «entrevista» solo se enfocó en hacer únicamente comentarios de mal gusto y una pregunta importante a la vista del "entrevistador" y era: «*¿Cuál es tu talla de breasier?*». , a lo que Mandy le contesta que no le importa, pero el entrevistador poco le importo y continúo haciendo comentarios de mal gusto a lo que Mandy decidió retirarse.

Mandy contó esta experiencia en su perfil de Tumblr, relató los momentos anteriores y posteriores con mas detalle a la «*pregunta importante*». También explicó cómo es que muchas personas creen que las mujeres que hacen *ero cosplay* deben ser «(...) abiertas y acogedoras con los comentarios masculinos crudos y las miradas lascivas, como si nuestra presencia viniera con subtítulos que dijeran: "Represento tu fantasía para que puedas tratarme como una fantasía y no como un humano disfrazado"». [66]

Pero a Manzana Chruse esos comentarios no la detuvieron, siempre se esfuerza en dar su mejor trabajo. Tiene una carpeta que llama «*Cosplans*», allí guarda todos sus futuros cosplay. A ella, el cosplay le ayudó a volverse menos penosa, pues define al cosplay como: «volver realidad algo ficticio, (...) es algo terapéutico, porque a muchos nos ha ayudado a combatir nuestras inseguridades, nuestra depresión, ansiedad (...), cuando te pones el cosplay (...) te liberas (...) la libertad de poder ser tú, sin cohibirte (...) Es como convertirte en (...) otra persona, pero a la final esa persona eres tú mismo, sin esos miedos (...) sin esa timidez.».

Agregó que el cosplay también fuerza a aprender nuevas habilidades, tanto físicas como sociales; como la costura, creación de accesorios, maquillaje, aprender a hablar en público o manejar la presión de las miradas.

Otra presión que necesitan manejar es lo que dirán las personas, esto es algo que le paso a El_trapo_shido, un crossplayer que inicio en este mundo porque uno de sus amigos insistía en hacer crossplay. Empezaron a hacerlo juntos, pero el amigo paró y lo dejó solo; él siguió adelante y consiguió que mucha gente lo apoye y aliente.

«En un principio yo, por el tipo de *cosplay* que yo hago era muy cerrado (…) y si me sacaban el tema me ofendía». Aún si no era una burla, si solamente le preguntaban, «¿ya te llego tu cosplay?, (…) o ¿vas a sacar otro cosplay?, con que me sacaran a tema de que yo hacia ese tipo de cosas, me ofendía». [67]

El esperaba que las personas lo insultaran u ofendieran. No sabe si tuvo mucha suerte o es que los pensamientos han cambiado, porque aunque ha recibido insultos los puede contar con una mano. Ello le ha ayudado a seguir adelante, dejar ese miedo atrás y compartir con el público.

Abrió su primera cuenta de TikTok con el único objetivo de subir un video y conocer su alcance. El video, en cuestión de tres o cuatro días, llegó a los diez mil likes y, de un día para otro, tuvo quinientos seguidores. Al ver el alcance, decidió impulsar su cuenta.

El_trapo_shido es hombre pero le gusta mucho la ropa femenina. Cuando vestía ropa femenina se burlaban de él pero los comentarios de sus videos le dijeron que extrañaban sus grabaciones, que se le veían bien los crossplays.

Con el miedo atrás, empezó a ir a convenciones en crossplay. Recuerda que tenía temor de cómo reaccionarían las personas al escuchar su voz, ya que ellas no sabían que era hombre. Pero aquel sentimiento desapareció porque a la gente le gustó mucho su crossplay y le brindó apoyo moral, además de acercarse para decirle que se veía muy bien y pedirle fotografías.

Durante sus primeros años, se maquillaba en la madrugada y grababa videos por la mañana, pero «(...) siempre estuvo un miedo constante, ¿qué va a pasar cuando un familiar lo vea?, ¿qué va a pasar si mi mama lo ve?, (...) pero simplemente lo acepte, (...) si yo sigo haciendo esto de manera pública, en algún momento, si o si va a llegar a los oídos o a los ojos de alguien de la familia (...) pero eran más mis ganas eran más la felicidad que tenía al hacerlo».

En un inicio, tenía solo una cuenta de TikTok donde subía sus crossplays y videos personales. Un día subió un *crossplay* de Himiko Toga, del manga *My Hero Academia* de Kōhei Horikoshi. Sabía que podría verlo alguien de su familia. Menciona que, al día de hoy, no sabe porque lo subió; si su deseo de mostrar sus crossplays al mundo lo rebasó y, por eso, decidió publicarlo.

Al segundo día de subir aquel video, su madre se acercó a él y le dijo que ya había visto el video. Él se quedó pensando pues subía muchos, pero ella le aclaró que era el de la peluca amarilla. Esa repuesta lo congeló. Estaba lavándose los dientes, así que se quedó mirando al espejo durante un par de minutos.

Después de salir del trance fue a borrar el video e inició su segundo canal. Tras unos meses evadiendo el tema con su madre, decidió hablar con ella y contarle que es lo que hacía. Ella no lo juzgó, todo lo contrario, lo apoyó. De todas maneras es muy discreto, por si alguien más lo ve. Por eso lo mantiene oculto, deja los crossplays escondidos junto a mucha ropa.

Uno de los videos que hacía para TikTok llegó a más de un millón de vistas y, aunque lo subió a su cuenta de crossplay, llegó a los ojos de tantas personas que sus compañeros de escuela y personas que no lo conocían, le empezaron a escribir, apoyándolo.

Siempre va a existir gente que a critica, inclusive los propios pensamientos. El_trapo_shido menciona que, casi todas las cosas que él pensó que le dirían sus familiares y amigos, quedaron como simples pensamientos; no se hicieron realidad.

Empezó a ser más abierto con el crossplay pues no hacía nada malo. Además, le era necesario ser más abierto por el alcance que tenía su cuenta, de allí su familia cercana y sus amigos lo conocen.

Para decidir que crossplay hacer, responde algo curioso. Elige uno con el que «(...) mi cuerpo tiene ganas de sentir ese cosplay». Recuerda que, al ver un personaje, no le atrae que sea bonita o popular, tampoco ser ella; más bien es vestirse como ella.

Es necesario pensar bien cuál va a ser el crossplay a realizar. El primer *bodysuit* que utilizo no le permitía ir al baño porque no alcanzaba al cierre y necesitaba ayuda, por ello aconseja considerar ese punto si se va a hacer cosplay o crossplay con un bodysuit.

El baño no fue el único problema. Durante sus inicios no sabía tomar medidas y llegaba a perder cantidades de dinero, ya que no le quedaban. Tuvo que aprender a tomar medidas y cuando de tanto en tanto fallaba, volvía a medirse y pedir, otra vez, el cosplay.

A Rotten Liu le empezó a interesar el anime en su adolescencia, hasta que, en 2017, pudo conseguir una peluca de Hatsune Miku. Con la ayuda de su tía abuela confeccionó el traje de la *idol*, no lo hacía como personaje público sino como una fanática del anime y manga.

En 2021, un organizador de una convención buscaba cosplayers para participar en el desfile de primavera de la Ciudad de Torreón. Ella mandó un mensaje al organizador y fue aceptada. El día del evento, fue al desfile y, ahí mismo, hizo amistad con otra cosplayer que le animó a asistir a una convención como invitada. Le tomó la palabra, su amiga habló con un organizador a quien le pareció bien y la llamó para que asista. Rotten Liu alistó su *cosplay*, irónicamente el cosplay que inició su carrera fue el de Hatsune Miku.

Procura no hacer los cosplays de temporada sino aquellos con los que se siente bien. Además, ella se costea sus propios *cosplays*. Este tema salió a flote en un *podcast* al que fue invitada, ahí se le preguntó sobre sus proyectos del 2024. Ella respondió con una lista, pero dijo que no sabía la fecha ya que estaba sujeto a cuando obtendría el dinero. Aunque va como invitada a convenciones, no siempre es redituable un cosplay.

Un presentador le dijo que era muy buena, que ella no vende su cuerpo ni se exhibe y eso la volvía mejor. Ella se molestó y lo cuestionó diciéndole que no debe pensar de esa manera, que eso no debe ser una barra moral para saber si alguien es bueno o malo.

«(…) Son comportamientos que yo definitivamente repruebo y con los que no me siento a gusto y no me contengo (…) esa vez si me contuve porque pues estábamos en vivo (…) creo que fue bastante respetuosa», [68] dice respecto al presentador que solo decía que no merecían respeto por el erocosplay o contenido +18.

Aparte de este mal trago, cuenta que disfruta mucho cuando, durante convenciones, sale al área social y le muestran que llevan sus *prints*; cuando los adultos mayores le dicen que parece muñequita; con las niñas que le mencionan que se ve muy bonita y otras que le dicen que les gustaría ser como ella.

Pero esto no es trabajo de una sola persona, su familia la apoya en las cosas con las que no es muy buena. Cuenta que desea hacer más elaborados sus *cosplays* porque casi no utiliza accesorios, más que nada por el espacio que ocuparía en su casa. Sin embargo, tiene el deseo de mejorar ese aspecto. Dice que se volvió más extrovertida, que se soltó frente a la cámara para quitarse la pena y mejorar en convivencias y *prints*.

Grimmi es una *cosplayer* que también busca mejorar sus accesorios. A ella, esto le llamaba la atención desde que era una adolescente pero antes no había muchas convenciones. Y, como se mencionó anteriormente, el gusto por el anime era causa de *bullying*, algo que la detuvo durante un tiempo.

No fue hasta que participó en un concurso de disfraces un Halloween que se dijo «¿porque no lo intento realmente?, no nada más para Halloween o una fecha en particular sino ¿porque no realmente lo hago?». [69]

Grimmi se enfoca principalmente en hacer accesorios y retocar sus cosplays. Recuerda que, al inicio, hacia sus accesorios con cartón, cartulina o papel; y con el tiempo empezó a probar diversos materiales.

Para hacer accesorios más grandes, como alas, «(...) llegaba utilizar cartón, (...) el problema eran las texturas, que terminaban viéndose raras, no mal solo raras, y de ahí me pase al fomi (...)», Esto último es lo actualmente utiliza y tiene pensado comenzar a experimentar con goma eva, ya que quiere mejorar la calidad de sus accesorios.

Recuerda una ocasión en la que un amigo le insistió en ir a una pasarela *cosplay*. Ella, al no tener una *performance* preparada y sumada su timidez, se llenó de vergüenza al subir al escenario. Solo pudo saludar y decir cuál era su *cosplay*, enseguida, durante 30 segundos, se quedó congelada, y bajo del escenario rápidamente.

Lilith_olivites_cosplay, es una *cosplayer* que conoció este mundo mientras iba a la secundaria,. Su primera convención la hizo conocer el cosplay y, al verlos, quiso también entrar a ese mundo. Entre sus mejores recuerdos, se encuentra el de la vez que ganó un concurso con una performance y cosplay. El premio incluía una sesión de fotos y el patrocinio de un *cosplay*, que tenía que llevar a la *MoonFest*, en Tierra Blanca, Veracruz

Pero, no todo es miel sobre hojuelas. Hubo una vez en la que alguien abrió una cuenta falsa que usaba su trabajo y agregaba material para adultos, "manchando de cierta forma tu imagen, (...) porque es contenido explicito, entonces ponen ahí imágenes que ni siquiera son tuyas, ... pero la gente se imagina que sí, (...) estuvo muy horrible... pero pues bueno al final de cuentas (...) hay que dejar pasar eso y pues nada más como centrarse en lo positivo». [70]

El cosplay no solamente es realizado por una persona, se puede hacer en pareja; este es el caso de Kiki y Luis. Kiki, durante la pandemia, vio mucho cosplay en TikTok y tuvo el deseo de hacer uno. Su novio, Luis, le hizo segunda. Kiki les aconseja, a los que se adentran al cosplay, que «poniéndose la peluca, (...) se quita toda la pena». Luis agrega, "después de ahí te sigues y te la pasas bien". [71]

Otra pareja que hace cosplay es la de Checochiquito y Thishyori. Ella bailaba K-pop, *dance cover*, y una amiga la invito a un *dance cover* con cosplay. Fue invitada a *TNT* y se dio cuenta de que podía ir a las convenciones con cosplay y vender su trabajo. A él le gustaba el anime así que decidió hacer cosplay. Hizo fotos grupales con personas que hacían cosplay del mismo personaje o anime, todo para ser parte de la comunidad.

Ellos se conocieron haciendo *cosplay* en la primer *TNT* de Thishyori. Una amiga los presento y fue amor a primera vista, aunque él ya tenía una idea de cómo actuar para acercarse a ella, ella movió la ecuación al pedirle una tarjeta. Aunque ya se perdía el uso de las tarjetas, ella siempre le pedía una tarjeta más. Actualmente llevan dos años de relación.

Han tenido sus momentos oscuros. Thishyori recuerda una convención en la que llegó un chico y la tomó de la cintura, «(...) como si me conociera de toda la vida, se me pego mucho y si me sentí muy incómoda». [72]

A Checochiquito le tocó situaciones en las que intentaba ir a eventos como invitado y lo rechazaban por ser hombre o por no tener cierto alcance en redes sociales. Sin embargo, poco a poco, se ha abierto paso en las convenciones.

El cosplay no es solo para individuos y parejas. también se puede hacer en familia, Monce y Paola son unas gemelas, que llevan el nombre de Gemeliwiis ambas debutaron en su primer año de secundaria, gracias a un regalo de cumpleaños por parte de su madre. El cosplay era de Inuyasha y Aome, del anime *InuYasha.*

Al recordar un poco más el pasado, ellas cuentan que ya concurrían a convenciones pero no sabían que comprar; hasta que, mientras navegaban por Internet encontraron el cosplay y sus corazones solo desearon hacerlo. Fue así que su madre contrato una modista para hacerles los trajes a la medida, ya que en aquel entonces no había forma de conseguir trajes de manera tan sencilla como ahora. Ellas se enfocaron en sacar buenas calificaciones, para ganarse ese «derecho» de ir a convenciones en cosplay.

Además, solo se enfocaban en el cosplay solo los días de asueto y períodos vacacionales, pues se concentraban en sus estudios. Otra cosa que mencionan es que antes era muy sencillo escoger sus cosplays, ya que veían los mismos animes y era fácil decidir. Ahora están más distanciada en gustos y es más complicado elegir el siguiente.

Para tomar fotografías es necesario contar con una persona que tengas confianza, hay que recordar que «antes era muy difícil hacer una sesión de fotos en una locación, casi todas las fotos ibas y te las hacías en la convención, antes el cosplay era solo de un fin de semana cada tres meses (...)». Ellas comentan que «nosotras somos un poco enemigas de la selfie ya que (...) no permite apreciar quizá el cosplay como (...) es». Por esto, ellas buscaron tener un equipo fotográfico, para tener fotografías de calidad. [73]

«Cuando ustedes quieren ir a tomarse unas fotos a X lugar, primero vayan un día antes o dos al lugar y tomen unas fotos (...) no de ustedes, del lugar» aconseja Paola, para tener una idea de las sesiones y saber cómo utilizar los fondos, ya que no todo es improvisación.

Monce aconseja que «si tienes oportunidad de llevar una cámara (...) tipo turista e irse a tomar fotos en ese lugar, (...) puedes ver si te dan permiso o no de tomar fotos ahí, porque pasa en muchas ocasiones de que vas a una locación y te dicen: "no puedes tomar fotos aquí joven"».

En ocasiones, se decomisan las tarjetas SD de las cámaras, como mínimo, en otras hasta pueden caer presos por tomar fotografías. Por eso también es bueno preguntar a la autoridad de la localidad si es posible tomar fotografías o utilizar zonas donde fotógrafos han hecho fotografías con anterioridad; ya que, inclusive cuando se va a estrenos de películas, la seguridad de los centros comerciales puede no dejar pasar, a pesar de tener un boleto de entrada.

En una ocasión, ellas cuentan que fueron a la Capilla de San Antonio de Padua, un domingo, con los cosplays de «Barbie: la princesa y la plebeya». Acudieron con vestidos grandes, coronas de flores y dando la idea de que eran quinceañeras. Así que los devotos, al salir del servicio religioso, felicitaron a Gemiliwiis por sus *XV años*.

Para ellas fue una grata experiencia ya que, durante los inicios del cosplay, era mal visto el vestirse como personajes. Se lo veía con cierto disgusto pero ahora es mucho más aceptable. Como se mostró en el capítulo anterior es posible verlo en todos lados.

Otra experiencia que tuvieron fue durante sus primeros años de cosplay. Iban con su madre al *Star talent Anime Mexico* en 2012, con el *cosplay* de Ranma, hombre y mujer. Estabn cerca de escenario cuando les empezaron a pedir fotos y un personal del staff se acercó a su madre, para pedirle que las dejara subir al escenario junto a Mary Terán, quien interpretaba el opening y ending del anime de *Ranma ½*, en español latino.

Ellas ya estaban cansadas y desaliñadas, además de que usaban lentes de armazón, por lo que tuvieron que quitárselos y así subieron al escenario. Recuerdan estar posando junto a Mary Terán, mientras Monce veía flashes y Paola veía un pilar. Cuando bajaron del escenario, su madre rápidamente las llevó fuera del centro de convenciones, aunque pero dio el tiempo necesario para que los fans pudieran tomarse fotos con ellas.

En otra ocasión, durante una *Expo TNT*, Gemeliwiis acudieron con los cosplays de los Hermanos Kagamine de *Vocaloid*. Fueron junto a una amiga que llamaban Kakarot y otra amiga cosplayer. Llegó un punto que, en la convención, llegaron a pedirles tantas fotos, que dejaron de distinguir a las personas con las que se tomaban fotografías.

Ellas cuando se toman fotos buscan ofrecer una buena experiencia, así que cuando una persona les pedía una foto, ellas posaban dejando en mcdio a la persona. Mientras una joven le pedía una foto, su amiga Kakarot les tomó una, lo cual les resulto extraño ya que nunca les había pasado eso. Gemeliwiis se acercaron con Kakarot una vez tomada la foto, y le preguntaron el porqué, a lo cual ella les respondió que si no se habían dado cuenta de quién era. Cuando ellas respondieron que no, Kakarot les reveló que era Mujer Luna Bella.

Mujer Luna Bella, después, subió algunas fotos con varias cosplayers y la experiencia se hizo aún más dulce pero, al leer los comentarios, se agrió. Los comentarios atacaban a los cosplayers, les decían *«bola de vírgenes»*, «raros» o *«freaks»*; les cuestionaron *«que hacían cerca de luna bella»*; les tiraron muchos insultos con palabras altisonantes. Eso las afectó mucho y les desanimó todo lo que las personas decían. A pesar de ser unas adolescentes, los comentarios no tuvieron piedad.

El caso contrario sucedió cuando Luisito Comunica las entrevisto en *LaMole*, con ellas repitiendo el cosplay de los hermanos Kagamine. Unos días después, llegaron, a sus Facebook personales, muchos mensajes diciendo que ellas salían en el video. Ellas tenían miedo de reproducirlo, pues tenían el recuerdo de la fotografía con Mujer Luna Bella. Pero no fue así, los comentarios fueron más amigables y resaltaron el cambio, del rechazo hacia la aceptación del anime y los cosplayers.

Gemeliwiis recuerda su periodo de rechazo social durante la época de escuela secundaria y preparatoria. Se acuerdan que, mientras eran estudiantes de secundaria, tenían fama de *otakus*, algo que en ese tiempo era mal visto y lo que hacía que sus compañeros se burlaran de ellas. En preparatoria se burlaban porque hacían cosplay y, ahora, los mismos compañeros que se burlaban de ellas las siguen, comentan y reaccionan a sus videos.

Las críticas no se dieron solamente en la escuela, su vida artística también las ha tenido. «El cosplay es para divertirse no para andarse comparando con alguien más», menciona Monce. A lo que le dicen, tanto cosplayers como *fans*, ella agrega que «quien más critica el cosplay son personas que nunca han hecho *cosplay* en su vida»; Paola agrega «porque no dimensionan lo difícil que es».

La dificultad de hacer un *cosplay* siempre es un punto a tomar en cuenta al momento de hacerlo. El cosplayer, Daniel, menciona que para Ryu Hayabusa de *Ninja Gaiden* tardo dos semanas en hacer el cosplay, ya que tenía muchos accesorios que eran difíciles de hacer, y lo termino un día antes de evento.

Beuribe menciona que uno de los retos del cosplay es terminarlos a tiempo, ya que a veces el tiempo lo tienen encima y terminan el cosplay a días de la presentación. Ella estudio corte y confección, lo que facilita la realización de sus cosplay; y no deja que la tardanza la desanime, ya que disfruta mucho de hacerlos.

Durante sus inicios, las chicas de Gemeliwiis eran fuertemente comparadas con otras *cosplayers* gemelas. Les decían que solo eran copias, que como las otras *cosplayers* ya habían hecho ciertos cosplays, ellas ya no tenían derecho de hacerlos.

No fue hasta que se juntaron e hicieron interacciones con otros, que se sorprendieron de la ausencia de rencores entre ellos. Y es que no había nada malo entre ellas, sino que se llevaban bastante bien.

También han tenido críticas, porque no se parecen físicamente al personaje; ya sea por su color de piel, sus atributos físicos o, como se mencionó, porque «les copiaron a otros cosplayer». Inclusive les han dicho que ellas están en donde están porque son gemelas y blancas. Paola menciona que «el cosplay no debería ser complicado, debería ser divertido».

«La parte más difícil del cosplay es salir de tu casa en cosplay», menciona Paola, ya que en la convención no se va a tener ningún tipo de pena, ya que se transforman en el personaje y dejan de ser la persona misma. Pero la prueba de fuego es el transporte y la vía pública.

De las mejores experiencias que han tenido es ver a los niños y a los papás, con los ojos iluminados al ver a sus personajes favoritos en la vida real. Su recompensa es ver «la satisfacción (...) de dar un buen momento a otras personas y a nosotras mismas».

La satisfacción es uno de los sentimientos que comparten los *cosplayers*. Para Boku no miya es tan así que inclusive llegó a ver lagrimas por la emoción que causaba ver a su personaje favorito. Esto inicio porque su familia lo animaba a participar en el cosplay; él tenía miedo de ser rechazado por no parecerse o, directamente, no ser reconocido, pero fue bien recompensado.

JohnODST117 tenía como inspiración a su hermano, ya que veía como la gente se acercaba a pedirle fotos y hacerle entrevistas. Fue entonces que tuvo el deseo de estar junto a él y compartir el hobby.

Su idea es hacer, con mecha cosplay, diez mil dólares mexicanos y, en un año de trabajo, conseguir la armadura del Jefe Maestro, de la franquicia *Halo*. Su próximo cosplay está planeado para terminar en año y medio. Sus mejores experiencias son ver a niños y adultos, con una sonrisa en el rostro, al ver a sus héroes.

Aunque la madre de Gemeliwiis no era muy feliz con el cosplay, siempre estuvo orgullosa de sus hijas. Durante un tiempo su madre se encontraba muy dolida por situaciones que le habían ocurrido. Lo que le levanto el ánimo fue ver a sus hijas, entrevistadas por una televisora de Panamá.

Pero no todo es color de rosa. En una ocasión, una *cosplayer* de Perú se puso en contacto con Gemeliwiis, para contarles que habían tenido un problema con una amiga; la cual le había prohibido hacer cosplay de «Candy Candy,», personaje principal del manga del mismo nombre del mangaka, Kyōko Mizuki, ya que ella iba a usar ese cosplay para un concurso. Fue cuando se hizo evidente que, a veces, en vez de amigos se tiene *haters*.

Pero esta situación no es un caso aislado, por desgracia algunas cosplayers se atacan entre ellas. Esto le ha ocurrido a una cosplayer llamada Wendy, que sufrió comentarios pasivo-agresivos porque sus accesorios no eran considerados «realistas», debido a que no había gastado el dinero suficiente en su cosplay o porque este parecía muy simple.

El estandarte de Wendy es «*El cosplay no sirve si no lo disfrutas*». Esto le ha ayudado durante todo el tiempo que ha estado en este medio. También recibió buenos comentarios que alimentaron su deseo de seguir adelante, pues notaron su talento para la creación de accesorios y su habilidad de asemejarse al personaje en cuestión.

Pinku conoció, en un curso de teatro, a un amigo que la invito a hacer cosplay con él y ella accedió. «Desde la primera vez que yo pisé una convención hice cosplay, yo iba a eso, (...) antes pues era la niña que esperaba cada Halloween con ansias para hacerse su disfraz, pero pues ahora ya no tenía que esperar». [74]

Se emocionó con la idea de poder disfrazarse cada tres o cuatro meses. Además, la primera vez que fue a la convención con *cosplay*, fue también la primera vez que se subió a un escenario a concursar. «Yo empecé con todo», dice.

Le encanta hacer performance; «(...) es la combinación perfecta de muchas cosas que a mí me gustaban, combinaba lo que era el teatro, conminaba lo que eran las artes plásticas, y hacer manualidades para hacer manualidades para hacer utilería, escenografía, lo de la costura, lo del diseño de modas, lo del diseño en general y pues también poder hacer a mis personajes favoritos (...)».

Hacer *cosplay* para competencia es diferente a hacer uno para asistir a una convención con amigos. «Puedes hacer cualquier personaje a tu gusto, pero para competencia (...) si se fijaban en que el personaje que escogieras cumpliera con ciertas características (...) que estuviera dentro de los lineamientos del reglamento (...)». Depende del tipo de competencia, ya que pueden aceptar personajes de cualquier medio, solo de anime/manga o solo de videojuegos.

Pinku siempre busca personajes equilibrados, con los que puede mostrar su talento en costura y creación de accesorios. Y, también, le gusta hacer performance del personaje, ya que suele haber cosplayers que hacen de jueces; cada juez tiene su propio criterio y se fija en diferentes ámbitos.

Comenzó haciendo sus accesorios con cartón, materiales reciclados y, poco a poco, fue animándose a probar diferentes materiales, a base de prueba y error. Por ejemplo «(...) cuando comencé a trabajar con la goma eva, al principio no sabía cómo moldearla, y no tenía pistola de calor, no tenía dremel, (...) tenía que hacerlo con fuego, en la estufa (...) ligar a mano, con ligas de agua, ligas de madera (...)». También probó diferentes técnicas dependientes del tipo de accesorios; si era móvil utilizaba cierta técnica, si era fijo otra, si era muy vistosa o estaba oculta entonces usaba algo diferente.

Además, cuenta que, al momento de competir, no se puede llevar todo lo necesario en una maleta, ya que uno puede encontrarse limitado por volumen o peso. Recuerda que una vez quiso mandar escenografía voluminosa y el flete le cobró alrededor de 7,000 pesos mexicanos. En otra ocasión, durante una competencia en CDMX, mandó la escenografía y algunos accesorios por correo. Llegó, pero a las afueras de la ciudad, aproximadamente dos a tres horas de distancia. También relata la vez que ganó un pase a una competencia en Brasil y, aunque tenía los vuelos pagados y dos maletas grandes, ambas se llenaron con su *cosplay*: una armadura. Se fue sin escenografías, lo que le suscitó algo de incertidumbre, pero vio que la mayoría de los competidores tampoco llevaban una. Este tipo de problemas ocasionó que se empezara a usar una pantalla.

En una ocasión, en el aeropuerto, le quitaron unos broches que guardaba en su equipaje de mano. Estos accesorios tenían una ligera punta metálica, ya que simulaban armas blancas. En otra ocasión, le hicieron abrir su equipaje porque le detectaron «*un objeto extraño*» y la hicieron sacar artículo por artículo.

Otra vez fue a Cancún, Quintana Roo, a una competencia con el cosplay de La Catrina, de la película «El libro de la vida». Este personaje tiene un sombrero de color rojo muy grande, con varios accesorios, así que lo desarmó y se llevó las partes en maletas; por otra parte, mandó la base sólida por correo. En esta ocasión, le funcionó este método así que lo uso otra tres veces.

Comenta que, actualmente, los organizadores miran principalmente las estadísticas en las redes sociales. Anteriormente, había que tener competencias ganadas o, dicho de otra forma, ser dueño de una trayectoria comprobable.

Después de tanto esfuerzo, logró conseguir su propio *stand* en una convención y recuerda que «(...) me sentía muy honrada de que la gente se acercara conmigo, viera mis fotos y me hiciera cumplidos (...) ¡oye, qué padre te quedo esto!, ¡qué buen trabajo aquí! (...)».

Menciona que le gusta que sus fans se acerquen y le pregunten como ha hecho sus cosplay. Le encanta «(...) platicarles mis procesos y también resolverles dudas, sobre todo a chicos también que no son cosplayers, pero tienen la inquietud de hacer cosplay (...)».

Aunque hay muchas personas que hacen cosplay, «la comunidad a nivel competitivo, que se animaba como que ha salir de sus ciudades era muy poquita, entonces ya nos conocíamos casi todos y nuca sentí que hubiese una mala competencia, o que hubiese envidias o hubiesen malas vibras (...)».

Menciona que se ayudaban entre ellos. Ya sea que se rompiera una *prop* o que no llevaban staff, ellos se apoyaban unos con otros. Eso resultó en un compañerismo que les ayudó a futuro, porque se veían constantemente en competencias, a lo largo y ancho del país.

Recuerda con gran cariño y honor haber competido en numerosos concursos. También que, en sus inicios, se le desarmaba el cosplay, se le caía la peluca o se le rompía el *prop*, mientras subía al escenario o en pleno performance. Dice que la máxima de teatro es «el show debe continuar». Por ello, cuando hace performance o participa como jueza siempre mantiene lo siguiente en mente: «el *cosplayer* sea capaz de adaptarse a la situación, (...) siempre van a haber cosas que estén fuera de nuestro control, (...) que te falle el audio, que te falle la pista de video, que el que te tenía que ayudar a lanzar (...) o activar (...) no lo haga a tiempo, o que te falle (...) o se te rompe algo (...)». Siempre se debe de estar a alerta a la posibilidad de que algo malo suceda, por lo que se debe tener la capacidad de reaccionar, para adaptarse a la situación y continuar hasta que se acabe el performance. Esto la llevó, entre tantos concursos, a llegar a la *Copa Cosplay Pacífico* y hacer una carrera de ello: ganó el quinto lugar en su primer año, tercer lugar el segundo año y se coronó campeona durante su último año.

Tantos concursos la han llevado a conocer diferentes personas; entre ellas, un fotógrafo para una colaboración en diferentes sets, como las Dunas de Bilbao, en Viesca, Coahuila, entre otros lugares emblemáticos de México.

Le ha tocado, en esas mismas colaboraciones, que las inclemencias del tiempo le juegue en contra. En una ocasión había mucho viento que este amenazaba con tirar la cámara y otros instrumentos. Junto a ella, su staff se encargaba de peinar la peluca una y otra vez, cuidar que los props del *cosplay* se queden en mismo lugar todo para brindar siempre la misma escena.

Por desgracia, ha tenido algunas malas experiencias con fotógrafos. Aunque no se crea, hay fotógrafos especializados en cosplay y su método de trabajo es diferente al de editoriales o eventos sociales.

Menciona que, cuando busca a un fotógrafo, quiere que cumplan con un estándar de calidad y, sobre todo, que cumplan los tiempos de entrega. En promedio, entregan su material entre dos a tres semanas, pero ha tenido experiencias con fotógrafos que tomaban más tiempo, de seis meses hasta dos años, para la entrega del material.

Cossette Cosplay empezó a hacer cosplay hace más de quince años, en aquel entonces se juntaba con un club de *otakus*. Los miembros hacían cosplay y ella los apoyaba al peinarlos y maquillarlos, hasta que un día decidió entrar en este mundo. Menciona que aunque «(...) muchos cosplayers que entran por el glamour o la sed de fama yo entre por qué alguien me dijo que no podía.».[75]

A Cossette le gustan los retos, así que empezó a forjarse una carrera en el mundo del cosplay. Con muchos de sus cosplays, hizo varias sesiones al aire libre, por lo que recomienda el uso de bloqueador solar. «Preparar la piel para antes de las sesiones es súper importante ya que la cámara muestra todo.».

En cuanto al aspecto técnico, dice que hay que revisar muchas cosas: que se tenga suficientes baterías del Softbox de iluminación, revisar que las cámaras funcionen de forma correcta, tener suficientes memorias para tomar todas las fotografías posibles con la mejor calidad y tener el cosplay limpio, planchado y listo con una semana de anterioridad. No solo hizo sesiones en exteriores, también realizó una colaboración con el bar *El Regina*, en Celaya, Guanajuato, México. En aquella ocasión hizo un cosplay con un bunnysuit de Momo Belia Deviluke, de la franquicia *To LOVE-Ru*, menciona que no fue complicado el cosplay en sí, sino estar «(...) de coneja en un bar si fue una experiencia rara.».

Cossette es coanfitriona de un *stream* conocido como *Anime News* que se trasmite por el canal de *YouTube Producto Robot* y allí la siguen una gran cantidad de fanáticos. En una ocasión, sus fans le pidieron que hiciera un episodio especial sobre el cosplay, así que ella empezó a estudiar más sobre el tema. Además de enriquecer el *stream* con su historia, finalmente el 21 de agosto del 2020 se estrenó el stream Menciona que:

«Mi comunidad de *Anime News* ellos me levantan cuando quiero caer».

Aunque sus fans siempre la apoyan, ella también sabe defenderse en el medio. Lo malo es que ha tenido problemas con otros cosplayers quienes gustan de sabotear, Aunque hay cosplayers que se apoyan entre sí a través de consejos, también hay otros que solo buscan desprestigiar a los demás. En una oportunidad, usurparon su identidad, usaron sus redes sociales y su nombre para ofrecer servicios privados. Pero no dejó que eso la tire abajo, pues también tiene buenas experiencias en su haber. Menciona que, en las convenciones, tiene la «(...) mala buena suerte de estar haciendo tonterías frente a los actores de doblaje me los termino haciendo amigos con mis tonterías y cuando acuerdo me doy cuenta de quienes son XD.».

PARTICIPANTES DEL WORLD COSPLAY SUMMIT

Se ha dado casos en que el ganador toma una actitud infantil, rayando en la agresividad. Uno en concreto ocurrió en Brasil, 2019, durante la ceremonia de premiación para la pareja que representaría al país en el *World Cosplay Summit*. Cuando llamaron a los ganadores, Allan Mathias y Mariana Queiroz Monteiro, el primero empujó a su compañera y se dirigió, directamente, a gritarle a una competidora en la cara, agrandándose en su victoria. Terminado eso, se dirigió al frente del escenario y su compañera le dio una palmada, como represalia por el empujón que recibió. Una vez al frente del escenario, dio un grito de victoria, pero este fue interrumpido cuando una cuarta persona lo empujó e hizo que perdiera el equilibrio. Por el contrario, su compañera sí fue derribada, pero ella no le dio importancia y celebró junto a los amigos que se le acercaron. Ignoraron la confrontación que se desarrolló a sus espaldas, entre los dos hombres. Confrontación que solo llegó a ser verbal, gracias a la rápida intervención del staff que bajó al cuarto hombre del escenario; la premiación siguió su curso. [76]

Una vez terminada la premiación «(…) se realizó una reunión de emergencia con el jurado para tomar una decisión del acto, … Finalmente, se tomó la medida de sancionar al equipo ganador y descalificarlos, reemplazando a los representantes por la pareja en segundo lugar Jessy y Patri Popes». [77]

El *World Cosplay Summit* no es una competición que debe tomarse como juego. Los cosplayers dejan sangre y sudor en estas competencias para posicionarse como los mejores del mundo e, incluso, son los primeros de su país en entrar a la competición.

Una de las competidoras del año 2017, que fue tanto su, fue la cosplayer Aetheya. Participó por primera vez en el *World Cosplay Summit* como la representante de Bélgica, en el concurso.

Aetheya recuerda haber conocido el cosplay en las convenciones locales. Empezó a hacer cosplay porque le parecía divertido, además de «poder usar disfraces bonitos que no usarías a diario». [78] Dice que, si se va a hacer cosplay, lo importante es que uno se sienta seguro de usarlo y poder divertirse con otros cosplayers.

Menciona que ha sido bien recibida por la comunidad, a diferencia de otras experiencias ya mencionadas en el libro. La comunidad ha sido muy acogedora con ella, dice que detrás del escenario se muestra «cuan solidarias pueden ser las personas entre sí cuando enfrentan un desafío común». Además, sus fans le dan todo su apoyo.

Aetheya decidió desafiarse a sí misma y buscó una compañera con la que podría tener una amistad. «Como tendríamos que trabajar mucho juntos para darle vida a este proyecto, será mejor que lo hagamos con alguien a quien nos guste conocer a diario (...)». Este fue el criterio principal para su elección, por encima de habilidad y experiencia., lo que resultó en su amiga Lilikoi

Recuerda que durante «el primer año que las selecciones de la WCS estaban disponibles en nuestro país, por lo que no estábamos seguras de qué esperar. Preparamos muchos documentos junto con nuestro disfraz, como las luces que nos gustaría en el escenario, la música, el vídeo, todos los WIP. El día D mostramos nuestro disfraz a los jueces y luego saltamos al escenario. Dado que la mayoría de nuestros accesorios fueron destruidos durante la actuación, nos sorprendió y agradecimos mucho haber sido seleccionadas. No puedo evitar llorar cada vez que veo el vídeo de los resultados».

El performance no fue como esperaban. Se les olvido cambiar el fondo, la puerta por donde entraban a escena no abría del todo y, durante una escena de pelea, se rompió una lanza que tenían y tuvieron que continuar con solo el mango. [79] [80] Pero, aún con todo eso, fueron seleccionadas como representantes de Bélgica.

Para participar en el WCS, tanto Aetheya como Lilikoi se concentraron «en nuestro trabajo, intentando aportar nuevas ideas ya que éramos bastante nuevas en el mundo del cosplay (era el primer cosplay de mi pareja y mi segundo concurso). El desafío era no dejarse abrumar por la presión de tener a otras personas participando, que tenían disfraces y actuaciones increíbles».

Dejando el concurso de lado, cuenta que se divirtió mucho en su viaje a Japón. Cuando bajaron del avión, *Tokyo TV* las entrevistó para su programa: *¿Por qué viniste a Japón?*. Además, narra que intentaron quedarse lo más que pudieron con otros equipos; comían con ellos o los ayudaban a arreglar sus accesorios mientras ya tenían listos los propios. Se organizaron muchas actividades; fueron a Tokio para encontrarse con un viceministro, hicieron un desfile saludando a la gente y terminaron con una noche en un *onsen*. «¡La experiencia fue tan buena que espero poder ser seleccionada una vez más en el futuro y haré lo mejor que pueda para lograrlo!».

Aunque no todo es bonito. Recuerda un momento en el que estuvo sufriendo del dolor, ya que usaba una armadura. Se centró en lo visual más que en la comodidad. Dice que llevaba «una armadura de 7kg, un escudo enorme de 5kg en una mano y una espada gigantesca de 2,5kg en la otra, todo esto con tacones altos, un casco pesado con una peluca larga y un corsé de Worbla. Todavía me sorprende haber sobrevivido para poder contárselo a otras personas: menos Worbla, más espuma».

Alrededor del 2001, Al Squall fue a una convención de anime y manga por invitación de uno de sus primos, el mismo le comentó que varias personas iban «disfrazadas» al evento. Comenta que «(...) simplemente me animé a realizar mi primer cosplay y asistir a dicho evento como un personaje popular en aquel entonces de un videojuego (...)». [81]

Tras su primer cosplay descubrió que, aunque le daba mucha pena, había desarrollado un gusto por eso; le permitía explorar áreas creativas y salir de la rutina, además le permitió encontrar a otras personas que compartían el mismo amor.

También ha tenido tragos amargos «(...) desde una mala organización que se despreocupo de sus invitados, fans que te han faltado al respeto o que por sus acciones te han hecho pasar un trago amargo, y claro (...) envidias, malentendidos y choque de ideas con otros cosplayers.». Pero no deja que eso lo desanime, ya que estas cosas ocurren siempre, en todos lados.

No hay que dejarse abatir por las cosas malas, si se desea iniciar con el cosplay, Al Squall dice que: «Lo más difícil siempre será el primer paso, pero una vez dado el resto del camino es más sencillo, sobre todo para aquellas personas que deseen cambiar su forma introvertida de ser, es un gran medio, y si ya eres una persona extrovertida, será más sencillo y conocerás a personas increíbles dentro del medio»..

La razón para seguir adelante es la evolución que ha tenido el cosplay con «la variedad de herramientas que ya existen para este hobbie, te permite seguir explorando y crecer en tu creatividad. Uno nunca deja de aprender, y que mejor manera de hacerlo que con algo que al mismo tiempo te divierte».

Todo su esfuerzo y habilidad lo ha llevado a competir al WCS, entre los años 2010 y 2017. Recuerda que lo más difícil del certamen no es ingresar, ya que «es un concurso para todo aquel que desee participar». La parte realmente complicada es «trabajar constantemente durante muchos meses, tratando de perfeccionar lo mejor posible todos los elementos que componían este proyecto para poder ser seleccionados como campeones representantes de nuestro país».

«Creo que lo más complicado fue el viaje con rumbo a Japón, ya que conllevó muchas limitantes, tanto en equipaje como los mismos limites que las aerolíneas nos imponían. Teníamos que llevar una cantidad increíble de cosas: cosplays, props, pelucas, escenografía, regalos, ropa de diario (...) etc. Enfrentar aduana fue una cosa que nos puso muy nerviosos a mi compañera y a mí por lo mismo de que corríamos el riesgo de que nos quitaran algo que necesitaríamos para la competencia».

Guarda en su corazón el recuerdo de representar al país, México, en dos ocasiones y de obtener el segundo lugar, en el año 2017. Cada oportunidad de representarlo fue única y especial, «cada año fue diferente al anterior y con experiencias diferentes, en cada una pude aprender cosas distintas, no solo de Japón perse, si no del resto de los países que lo compusieron en sus diferentes años. Al día de hoy aún podemos mantener el contacto con aquellas personas con las cuales pudimos convivir y entablar una bonita amistad».

Doritaa conoció el cosplay en el año 2007, «(...) al asistir vi a un par de personas "disfrazadas" las cuales me dejaron maravillada porque veía que interpretaban a un personaje que a ellos les gustaba mucho, fue entonces cuando comenzó a llamar mi atención y quererlo intentar también, al investigar fui entendiendo un poco más de este hermoso hobby y que la manera correcta de llamarlo era Cosplay». [82]

Empezó a hacer cosplay y asistir a diferentes convenciones, «(...) más porque en los eventos era el único lugar donde podía lucir mi cosplay y sentirme cómoda con él».

En su trayectoria conoció a Al Squall, en el 2013 comenzaron a platicar y todo ello fue porque le pidió una retroalimentación de su *cosplay*. En aquel entonces, usaba un cosplay de Moka Akashiya del manga «Rosario + Vampire» del autor Akihisa Ikeda.

«De ahí surgió una amistad y fue cuando él me invita a participar en WCS México, me explica todo lo que conlleva y que si tenía ideas de algún proyecto que se pudiera llevar a escenario, ahí fue cuando comenzamos a planear el participar, y como todo equipo necesita un nombre, por cosas de la vida yo le platiqué que a mí de niña me llamaban Dorito jaja por las papas porque las compraba mucho y era un juego con mi nombre DoritA/DoritO y por broma dijimos, si somos una dupla seríamos los dorilokos jajaja y real, fue en broma, pero la gente si nos comenzó a llamar así; "*los dorilokos*" y pues ya nos quedamos con ese nombre XD».

«(...) Fue un largo camino pues todo se comienza con una idea y de ahí dejar volar la imaginación hasta resumir un sueño en 3 minutos que dura el performance». La primera vez que participaron juntos, en

WCS México, fue en el 2015, con el proyecto *Romeox-Juliet*, un anime dirigido por Fumitoshi Oizaki, que se basa en la obra de teatro Romeo y Julieta, de William Shakespeare. En aquel año quedaron en quinto lugar, de ahí siguieron mejorando y preparándose para futuros WCS. No fue hasta el 2017, que participaron haciendo cosplay de Vash Estampida (Al Squall) y Knives Millions (Doritaa), del manga *Trigun* de Naitō Yasuhiro. Quedaron así como ganadores en México y como representantes, al ganar el segundo lugar.

Cuentan que lo más complicado era el miedo al estar arriba del escenario pero, a medida que continuaban ensayando, el pánico escénico desaparecía.

Doritaa y Al Squall mencionan que es un sueño hecho realidad ver como un hobby puede llevarlos al país donde el anime y el manga nacieron. Y, encima, convivir con más de treinta países y hacer amistades entre todos los participantes del WCS.

Consideran que las amistades que han hecho es lo mejor que le has dado el *cosplay*, además de poder conocer la mayoría de los estados de México y ser invitadas a otros países.

Doritaa menciona que hay que disfrutar lo que se hace, y «(...) siempre crean en sus sueños y habilidades, y que si las cosas no salen a la primera, no se desesperen, con el tiempo y la práctica todo irá mejorando».

Nienna Surion es una cosplayer de Canadá que descubrió el cosplay alrededor del año 2008, cuando visitaba la tienda online *Imaginaire*, una tienda donde venden artículos de colección; hockey, manga, cómic, productos de D&D, entre otros. En una de las pestañas del sitio web, había una sección llamada «*cosplay Imaginaire*» y, en ésta, se mostraban muchas fotos de personas en cosplay, en la tienda.

Al ver esta pestaña Nienna Surion comenta «¡Pensé que era genial! Porque siempre me gustó disfrazarme en general para jugar cuando era niña. Pero ahora que ya no soy una niña, no tuve muchas oportunidades para disfrazarme aparte de Halloween. Entonces lo busqué un poquito más y así descubrí el cosplay». [83]

No fue hasta el año siguiente que fue a su primer evento, *Cosplay Imaginaire*. Allí hizo su primer cosplay: Suzu, de *Nagasarete Airantou* del autor Takeshi Fujishiro. Disfrutó mucho el ambiente e hizo nuevos amigos, por lo que decidió participar, los años siguientes, en el mismo evento. Allí le contaron de otros eventos, que eran mucho más grandes que esa pequeña, hecha por una tienda. Menciona que: «Tenía que intentarlo y quería intentar hacer más cosplay».

En 2014, una amiga, Darkanival Butler, y ella seguían al primer equipo de Canadá en el WCS, como equipo observador. Ellas comenzaron a ver videos sobre el WCS y, al ver las actuaciones y el vestuario, se impresionaron por la calidad de los cosplayers.

En ese entonces, se realizaban las selecciones para el WCS 2016 y empezaron a hablar de intentarlo. No estaban seguras sobre si hacerlo o no. Trabajaron mucho por elegir un sketch, se cuestionaron y no llegaron a nada. «Pero una noche, mi amiga me envió un mensaje a las 3 am, y me dijo "LO HACEMOS" y yo medio dormida "¡vale!"».

Desde esa madrugada empezaron a pensar más y ocurrió la magia. Su trabajo duro los llevo a ser el equipo de Canadá el 2016. «Para las actuaciones de 2016, interpretábamos a Rutela (Nienna Surion) y Midna (Darkanival Butler), dos personajes que nunca interactúan en *Legend of Zelda Twilight Princess*. Así que tuvimos que ser creativas para crear una historia original que encajara con ambos personajes. Midna es traviesa, Rutela es maternal y protectora. Y la reina de los Zora (...) los peces. ¿Y qué pasa si Midna roba artículos de Link y se va de viaje a pescar? ¡Y Rutela no permitirá que capturen a sus súbditos! (...) esa era la base». Con esos dos personajes, que no habían interactuado anteriormente, decidieron utilizar el estilo mudo de los juegos de Zelda.

Para volver a participar, en 2018, decidió optar por una nueva pareja y la consiguieron con Nafuri-chan. Empezaron a trabajar, pero al final les faltó tiempo así que decidieron posponer la selección de 2019, para convertirse en el equipo de Canadá 2020. Pero nunca ocurrió el WCS 2020.

«Para el vídeo de la WCS 2022. Teníamos en mente una representación escénica con lo que hicimos para las selecciones de escenario. El juego era *Super Smash Brother Ultimate* (...) A las dos nos encantaba Peach y Daisy, soñábamos con hacer un vestido grande algún día, ¡por qué no ahora! Sabíamos que pelear, como lo harías en un juego Smash, es la norma. ¿Pero pelear con un vestido enorme? No sería muy interesante. Las batallas lentas no son muy interesantes de ver. Así que avanzamos hacia la posible narración de historias. *Super Smash Brother* siempre tuvo esa *"especie de modo historia"*, así que hicimos nuestra propia pequeña historia sobre el cumpleaños de Luigi y las princesas que querían sorprenderlo en su casa: ¡La Mansión de Luigi! Aportando mucho potencial. ¡Nos decidimos por un enemigo, Bowser Junior, que querría robarse el pastel! Para la selección, me fascino la primera aparición de un joven Bowser en un juego de Mario: Yoshi's Island. ¡Esa pelea final con Baby Bowser volviéndose enorme y una pelea desde lejos, Yoshi lanzando huevos y Bowser acercándose rápido volviéndose enorme ¡con el soundtrack! Yo estaba como: ¡Necesito ESO! en el escenario, ¡sería épico! ¡Y lo logramos! para el formato de vídeo, estaba claro que el efecto no sería tan sorprendente, y con la posibilidad de la magia de la pantalla verde, ¡ahora era más posible pelear más genial dentro del universo de Smash! Salta alto, bola de fuego, ¡todo lo que necesitas! Posible con la magia de la pantalla verde. Entonces cambiamos la trama para hacerla más dinámica para un formato de video». Nienna Surion fue la Princesa Peach y Nafuri-chan, la Princesa Daisy.

El vestuario y el sketch fueron un éxito, incluso con un accidente ocurrido en el escenario. La escenografía casi se cae y, además, Bowser Junior también cayó, del escenario. Pero eso no las detuvo y se convirtieron en el equipo de Canadá 2020. Sin embargo, por el CO-VID-19, no pudieron ir a Japón. Estaban muy estresadas por lo que podría pasar, no obstante les ofrecieron competir en la categoría: video, del 2021.

Aún así, querían experimentar los eventos en vivo, como lo había hecho en 2016. En 2022, los equipos lograron participar en ambas categorías: en el escenario y en línea. La categoría online era obligatoria y los eventos escénicos eran opcionales. Pero no salió como lo esperaban, tanto el destino como la compañía aérea les dificultó el cumplir su deseo. «Los precios eran cuatro veces los habituales, lo que hizo imposible que la convención nos enviara a Japón. Como ya acordamos participar en la edición de 2022, no podíamos dar marcha atrás. Pero, bastante deprimidas, la convención nos ofreció cubrir un viaje para 2023 como antiguos alumnos, ya que merecemos la experiencia de viajar. Yo, al no tener ese dinero extra en el banco para dárselo a la codiciosa compañía de aviones, estuvimos de acuerdo». Trabajaron con sudor y sangre; superaron todos los desafíos para hacer su sketch; y participaron en la categoría en línea. Su esfuerzo fue recompensado con el primer premio que ganó Canadá, en la historia de la WCS, la *arda wigs*. Considera que, aunque perdieron el viaje, el orgullo fue la calidad de su trabajo; «y el viaje como exalumnos a la WCS 2023 fue muy divertido y genial tal como lo recordaba».

Mars Cosplay es un cosplayer que conoció el cosplay navegando por «(…) YouTube occidental porque no sabía que teníamos *cosplay* aquí en los Emiratos Árabes Unidos (…)». [84] En 2012, fue a la *Convención de Cine y Comic de Oriente Medio* (MEFCC), con el cosplay de *Naruto*, de la serie del mismo nombre del autor Masashi Kishimoto. Este fue su primer cosplay.

Desde entonces empezó a hacer cosplay, siempre disfrutando de darle vida a sus personajes favoritos, de ver la reacción de las personas y de conocer gente nueva. En ese trayecto empezó a estilizar las pelucas, después siguió con tutoriales en YouTube y aplicó los consejos que le daban otros cosplayers.

Uno de sus primeros proyectos con goma EVA fue un brazo robótico, para hacer *cosplay* de Vash Estampida, del anime *Trigun Stampede*, remake de la serie *Trigun*, de Yasuhiro Nightow. Tuvo algunos problemas al tomar las medidas y debió rehacer el brazo cinco veces.

Para el *Dubai Gaming Festival*, hizo el cosplay del General Gorou del videojuego *Geshin Impact*, desarrollado por miHoYo. Hizo la armadura completa, incluida el arma y la peluca. Fue todo un desafío y lo finalizo a último minuto. Pero todo su esfuerzo tuvo su recompensa; ganó el tercer lugar.

Menciona que «la parte más difícil fue tratar de motivarme independientemente del resultado y tratar de tener mi carácter cunado interactuó con las personas, ya que para mí actuar es lo más difícil, era la primera vez que competía, (...) mis amigos me motivaron a participar (...)». Así llegó a competir en el MEFCC, para calificar al WCS.

Mars tenía planeado que una amiga fuese su pareja, pero su amiga estaba ocupada y no pudieron aliarse. Sin embargo, uno de sus amigos le recomendó a un amigo, Outlaw cosplay. Al principio tenía miedo de aliarse con alguien que no conocía, pero una vez que rompieron el hielo se unieron. «Tuve suerte con mi compañero de cosplay y eso juega un papel muy importante ya que deben confiar el uno en el otro».

Junto a Outlaw, enfrentaron diversos desafíos para prepararse, «nuestro mayor problema era el tiempo, teníamos que saber cómo manejarlo y tratar de reunirnos todas las semanas para trabajar en el cosplay, era estresante. para equilibrar la vida cosplay y la vida personal. Mi ansiedad estaba hasta el techo ya que teníamos que equilibrar el trabajo entre nosotros y tratar de llegar a tiempo con todo lo mejor era que nos ayudábamos mutuamente (...)».

Mars está haciendo todo lo posible para que UAE brille en el WCS. A pesar de que siente la presión hasta las nubes, recuerda que participa de una competencia y no puede dejar que la presión lo derrumbe. Trabajan con nuevos materiales, así que se encuentran en medio de un proceso de prueba y error, con ambos cosplays.

Un consejo que da Mars es «(...) necesitas encontrar una motivación que esté ahí para ti y, lo más importante, divertirte sin importar si ganas o pierdes (...)».

El equipo de Suecia, 2024, formado por Mightymillis y Pilerud comenzaron sus carreras como *cosplayers* en años diferentes. Mightymillis descubrió el cosplay alrededor del año 2014. Ella dice que «(...) siempre pensé que esas personas eran súper geniales y como tenían el coraje de hacerlo, entonces yo también lo tenía. Fue hace un año, espero, realmente quería intentarlo y tuve algunas personas que intentaron desanimarme, pero también tuve muchos amigos que decían "vamos, vamos, tú puedes hacerlo"». [85] Así que lo hizo. Y su primer cosplay fue de estudiante de *Hogwarts*, casa Gryffindor. Cuando se puso el cosplay se sintió bien y como si estuviera en la película.

Durante la convención «(...) hubo personas que dijeron: Creo que eres Hermione Granger, así que fue muy divertido y desde entonces quise tomar más de este mundo hacer más cosplay, así que soy muy nueva en esto».

Pilerud descubrió el cosplay en 2009, cuando acudió a una convención de ciencia ficción y vio a un grupo de personas disfrazadas, de diferentes personajes de la franquicia *Star Wars*. Pensó: «Oh, ¡esos disfraces de *Star Wars* eran realmente buenos!». Luego descubrió que existe una organización mundial llamada *Legión 501*, a la que podía unirse.

Menciona que, al año siguiente, fue a la convención disfrazado de soldado de asalto y se unió a la *Legión 501*. Confesó que «(...) no tenía amigos que hicieran cosplay, así que al unirme a esa comunidad pude hacerlo junto con otros (...)».

Pilerud es cosplayer y cineasta. Dice que «siempre me ha gustado hacer películas (...) así que necesitaba ponerme a hacer una película pero también los disfraces son divertidos y me encantan las películas con criaturas y disfraces así que pensé, bueno debería hacer una película con algunas criaturas y disfraces divertidos y así comencé a desarrollar una historia (...)». La película resultante se llama *Call of the Unseen.*

En la cinta, se puede ver el trabajo de Pilerud y sus amigos, porque «(...) hablé con algunos de los cosplayers realmente buenos que conocí en Suecia si querían trabajar en hacer disfraces para la película y también hice algunos yo mismo (...)». Entre los últimos se encuentra un troll de piedra, cuyo proceso de fabricación puede verse en el canal de YouTube de Pilerud; así como las pruebas que hizo para probar la funcionalidad del traje, el movimiento de la cabeza, el caminar correctamente, etc. [86][87]

Para la fabricación del troll, Pilerud comparte que «me llevé algunas rocas pequeñas y fotos de los acantilados circundantes a casa desde el lugar de rodaje previsto como referencia para pintar el traje del mismo color. Eso fue bastante gracioso porque cuando estábamos filmando en un momento estaba mirando la pantalla y pensé, ¿por qué no está el troll de piedra en la imagen? Y luego me di cuenta de que estaba allí, pero se parecía a cualquier otra roca, así que no podía verlo. Así que fue bastante gracioso».

En cuanto a la película, Pilerud dice que «hay algunas cosas generadas por computadora en la película, pero para el vestuario y la mayoría de las cosas, me gustan las cosas prácticas porque es mucho más fácil para los actores. Pueden interactuar, pueden abrazarse, pueden tocarse y todo se ve más natural y tienen algo real contra lo que actuar. Así que me gusta eso y también es mucho más barato para mí hacer un disfraz de poliestireno y filmarlo durante tres días en una isla. Y solo me llevó alrededor de cien horas hacer el disfraz, así que es algo realmente barato. Si lo hubiéramos hecho como una criatura generada por computadora, no podría haberlo hecho yo mismo. Necesitaría tener gente que fuera realmente buena en eso y hacer que el CGI se vea tan realista es realmente caro. Así que eso no es realmente una opción y también viene del tema del cosplay. Como cosplayer, me gusta hacer disfraces y es algo divertido y algo en lo que los involucrados eran realmente buenos. Así que usar eso para la película fue una parte del proceso de creación que nos gustó».

Pilerud tiene los trajes de la película, pero el problema es que son voluminosos y no sabe dónde guardarlos. Es así como, algunos de ellos, se encuentran en «(...) exhibición en la biblioteca local de la ciudad donde vivo por dos razones, la gente puede verlos y eso es divertido y no tengo que mantener ese gran troll en casa que ocupa la mitad del apartamento. Así que es para ahorrar algo de espacio y es un poco de marketing para la película, además de que hay otros cinco trajes en la biblioteca».

En el capítulo anterior se contó lo que es viajar con *cosplay* en la maleta, especialmente cuando se llevan accesorios que pueden causar problemas al momento de despachar el equipaje. Y, se podría pensar que Pilerud tendría problemas, con accesorios tan realistas, pero eso sería asumir erróneamente.

Además de los múltiples altercados entre cosplayers y personal de seguridad, en diferentes centros comerciales, de acoso público por parte de personas a las que no les gusta el cosplay; Mightymillis y Pilerud han tenido experiencias diferentes.

Los *props* con los que viajan, sorprenden a muchas personas con su realismo, ya sea cuando están en la calle o en el metro. En cuanto a recorrer otros países, depende de las regulaciones de los países a donde se vaya; Pilerud no ha tenido problemas.

Cuando viajaron a Japón, para competir en el *World Cosplay Summit*, Pilerud puso una nota en su equipaje que decía «*teatro y vestuario*», por si alguna vez abrían sus maletas en el aeropuerto. De esta forma podrían ver el propósito del equipaje y no habría problemas a futuro. Esto lo comentaron cuando regresaron a Suecia. «Teníamos estos grandes trofeos de cristal en nuestro equipaje de mano. El personal de seguridad miró las imágenes de rayos X y querían saber qué era. Porque parecían cilindros, tal vez como bombas. Nosotros estábamos como, ¡son trofeos! Los sacamos y se los mostramos y ellos dijeron, OK, ¡está bien!».

Mightymillis cuenta que «Nos gusta el disfraz y lo único que pensábamos era cómo transportar a Totoro y luego teníamos una especie de plan B en caso de que no pudiéramos llevar a Totoro a Japón (...)». Estaban decididos a usar el cosplay, y lo hicieron. Cuando llegaron a Japón, se dieron cuenta de que «(...) muchos de los otros equipos viajaban con mucho más equipaje que nosotros, como cuatro veces más (...)».

Hay que explicar por qué decidieron hacer cosplay de Totoro y Satsuki Kusakabe, de la película *Mi vecino Totoro*. Pilerud explica que, «(...) nunca antes había visto a nadie hacer a Totoro como una criatura real. Quería hacerlo más como una criatura real con ojos y boca en movimiento y un poco más interactivo. Así que comencé a hacer eso hace unos dos años y terminé el verano pasado. En ese momento no tenía a nadie con quien competir, porque se necesitan ser dos personas para ir a la cumbre mundial de cosplay. Pero luego conocí a Victoria en una convención y cuando nos conocimos más le pregunté si quería unirse a mí en la competencia, a lo que Mightymillis pensó: «(...) nunca he estado en un escenario. Pensé "no sé si soy lo suficientemente buena, pero seguro que podría ser divertido" y fue muy divertido (...)».

Sobre su participación en WCS, mencionan que el concurso en sí dura tres días, así que «un día nos reunimos con los jueces y les mostramos los trajes para que los vieran. Hay alrededor de diez a quince jueces de diferentes países y tienen que revisar cada parte de los trajes (...)».

Pilerud sufrió un percance; «me lastimé la espalda por lo que no podía mantenerme en pie y no sabíamos qué hacer realmente. Faltaban solo tres horas para que nos presentáramos en el escenario». Narra que tenían un asistente que los apoyaba detrás del escenario y los ayudaba en todo lo posible; les daban masajes y todo funcionó para que logren presentarse en la tarima justo a tiempo para actuar.

Otro pequeño problema ocurrió en el momento de la presentación, con Mightymillis disfrazada de Satsuki «(...) Se supone que debía quitarle este paquete del brazo a Totoro, se quedó atascado y ella tuvo que quitárselo. En todos los ensayos había funcionado bien y luego pasó algo. Pero obtuvimos el segundo lugar y la actuación de los ganadores fue increíble y los disfraces estaban extremadamente bien hechos, así que de todos modos difícilmente podríamos haberlos vencido (...)».

Pilerud aconseja a los *cosplayers* que quieren empezar: «Eliges un personaje que realmente te guste porque probablemente estés gastando mucho tiempo y dinero en él. No lo hagas por los demás, elige desde tu corazón y empieza de a poco. Usa lo que tengas en tu armario y lo que puedas comprar en una tienda de segunda mano. Usa lo que encuentres o lo que puedas pedir prestado a alguien. Puedes aprender mucho siguiendo a otros cosplayers. No todo el mundo comparte sus procesos creativos, pero hay muchos que lo hacen. Hablar con gente que conoces en convenciones también es genial. Aprendes a hacer algo un poco más complicado y luego aprendes algo más. Avanzando. Empieza de a poco y crece a tu propio ritmo», Mightymillis añade que nunca hay que rendirse, lo que podría considerarse trivial, pero tiene un gran impacto para aquellos que perseveran.

Si se va a competir con un cosplay, Pilerud aconseja que «nunca hagas un disfraz solo para el concurso hazlo, terminalo, pruebalo, usalo, rompelo un poco, repáralo y entonces entra al concurso … si te apresuras y terminas el día de la competencia, se caerá en el escenario porque aún no lo has probado (…) terminalo antes y usalo en eventos (…) verifica como funciona … no quieres que se rompa en el escenario (…) ocurre muchas veces (…) no debería de ser así».

Sorato siempre disfruto el disfrazarse de sus personajes favoritos, desde la infancia. Siempre se preparaba para Halloween, no solo usaba como referencia personajes ficticios sino que también personajes históricos. Pero, al estar navegando por YouTube, encontró un video de *San Diego Comic-Con*, donde mostraban a diferentes cosplayers. «(…) No manches, o sea me puedo disfrazar también de ellos (…)», recuerda que dijo. [88]

Empezó a investigar todo acerca del cosplay, «quiero que me reconozca la gente, (…) que mejor que interpretar a un personaje que te gusta (…)». Con esa idea en mente decidió hacer cosplay.

Sorato, a medida que fallaba, aprendía. Hizo todo, desde la costura hasta la creación de *props*. Inició cuando vivía en Chile y llegó a tener cierta fama, pero regreso a México y supo que debía empezar desde cero.

Lo invitaron a una convención en Guadalajara y fue un buen inicio. Se dio a conocer mandando sus redes a miembros del staff de otras convenciones. Además, se recomendaba junto a otros cosplayers, algo que había visto en otras convenciones: el *"Cosplay Alley"*, Es decir, un lugar dado a los cosplayers invitados, con un stand para vender sus prints.

"Yo desde que inicie siempre me di mi lugar, o sea, como yo ya quería darme a conocer …, no solamente como cosplayer (...) caminar por el evento y que me tomen fotos, yo quería que las personas conocieran mi trabajo y también me pudieran dar oportunidad los eventos de formar parte la organización, como invitado». No quería solamente que lo etiquetaran en las redes sociales y dar tarjetas de presentación al público, quería vivir del cosplay.

Por ello, cuando lo invitaban a convenciones como juez de concurso de *cosplay*, a dar conferencias o talleres, pedía, en su contrato, que le otorgaran un lugar físico, específico para dar autógrafos, vender prints y convivir con los fans.

Entre tantas convenciones a las que iba conoció a Rizel cosplay. Se llevaron bastante bien, ya que tenían gustos similares, así que ella le propuso ser pareja para competir en el WCS. Sorato cuenta que «(…) es muy complicado encontrar una pareja cosplay, que se lleve bien contigo y que haya un equilibro de trabajo (…) con Rizel fue el equilibrio que ella y yo buscábamos (…) no se me había ocurrido, yo dije oye si es cierto, esta Rizel (…) tiene ya la experiencia o sea voy a aprender de ella, en ese aspecto, ya fue al WCS, ella ya sabe cómo se maneja todo, pues que mejor (…) que mi primera vez participando en WCS con alguien que ya sepa (…)». Solo pensó «de aquí soy, de aquí soy, y le dijo a Rizel "perfecto, claro que si Rizel, yo te acompaño, por supuesto me voy contigo"».

Aunque su equipo quedo seleccionado, durante el 2020 no pudo participar, por el COVID-19. Pero lograron participar en la categoría online, en 2022, con los personajes Inuyasha (Rizel) y Sesshōmaru (Sorato), de la serie *InuYasha* de la mangaka Rumiko Takahashi.

Sorato, al ir a convenciones, logró hacer amistad con Gabriel Basurto, voz en español latino de Sesshōmaru. Así que lo contacto para comentarle acerca del proyecto; Gabriel aceptó y él mismo se contactó con Enzo Fortuny, voz de Inuyasha. Solo les pidió el dialogo y, al día siguiente, ya tenían el audio para su performance.

«(...) quien no quiere escuchar los doblajes originales de Basurto y Enzo como Inuyasha y Sesshōmaru en Japón, o sea en español, porque la idea de hacerlo en japonés la neta no nos llamaba la atención porque no era el mismo *feeling*, nosotros decidimos somos de México vamos a ponerlo en español, de aquí de México con los actores oficiales, y si o si dejarlo así, con subtítulos».

Rizel y Sorato se dividieron los papeles de la producción, para lograr la calidad que les otorgó el segundo lugar en el WCS 2022. Solo tuvieron quince días para acabar el video y fue una tarea titánica terminarlo, ya que no solo contactaron a los actores de doblaje sino que también hicieron todos los accesorios y buscaron un editor de efectos especiales.

Los fans son un grupo de personas a las que él le agradece mucho, por el apoyo que le dieron y le dan, actualmente. «(...) Me han visto sufrirle, me han visto teniendo éxito, me han visto teniendo mis momentos tristes, pero ahí están y eso es lo que me motiva a seguir haciendo los proyectos (...) gracias a ellos estoy donde estoy (...)». Aun así, también tuvo momentos oscuros con supuestos fans.

En una ocasión decidió cobrar por sus fotos, ya que quería obtener algún ingreso después de invertir en una mesa y en la impresión de prints. «(...) Empezaron a tomarlo de forma negativa, y empezaron a sacar muchos chismes míos, empezaron a hacer muchas cosas negativas, y pues ahí fue cuando empecé a darme cuenta de que yo ya no puedo compartir toda mi vida privada, y yo ya no puedo ser yo, con las personas ahora ya debo de tener mucho cuidado (...)».

Un consejo que brinda para los que quieren iniciar en el cosplay es «elige bien tus amistades, elige bien el tipo de trabajo que quieres dar, no compartas toda tu vida privada (...), se siempre profesional (...), haz siempre tu propio contrato por seguridad (...) como cualquier medio de trabajo hay que tener sus precauciones.».

EROCOSPLAY Y CONTENIDO +18

El deseo sexual es algo que va de mano con la humanidad, desde el cariño hasta la lujuria han estado presente en la historia.

La diosa Milda, de la cultura Lituana, es la diosa del amor, el cortejo, la amistad y la libertad. Ella no tiene vestimenta porque pasea desnuda, acelerando los corazones de aquellos que la ven.

«Se rumorea que con solo echar un vistazo (...) mientras flota por la calle, estarás a unos segundos del amor, el romance, los besos y todas las demás cosas que se han esperado». [89]

La diosa Xochiquetzal es la diosa del amor, la belleza, las flores, el arte y el placer. Representa la caída de hombres castos, pero las acciones de esta diosa eran socialmente aceptadas porque iban dirigidas a hombre jóvenes que no tenían ningún tipo de relación. Los encuentros eran espontáneos.

A diferencia de la diosa Tlazoltéotl, que también tenía encuentros con hombres. Ella era la diosa del adulterio, por lo que sus encuentros eran castigados.

La penitencia consistía en pagar una ofrenda y, también, en castigos físicos; como perforarse una lengua y perforarse con mimbres para llenarlos con sangre. Esto indica que la visión azteca «refleja la idea de que la infidelidad está mal vista». [90]

Los centauros son criaturas lujuriosas. Según el mito, el centauro Neso trato de violar a la tercera esposa de Heracles, Deyanira, cuando este cruzaba el rio Eveno.

Pero no solo los dioses y las criaturas mitológicas tienen deseo sexual, los seres humanos también tienen esta característica tallada en el cuerpo; ya sea por deseo propio o por veneración a un dios en particular.

Diferentes culturas tienen prácticas que muestran ese deseo sexual, una de esas era la ceremonias persas para la diosa Anaítis, en el templo de Acilisene.

«(...) los miembros más ilustres del pueblo consagran a sus hijas cuando son vírgenes, y es costumbre que éstas se prostituyan primero durante largo tiempo en el templo de la diosa y luego sean dadas en matrimonio, sin que nadie rechace convivir con ellas (...)». [91]

En el Océano Pacifico Sur, entre Hawái y Nueva Zelanda, se encuentran las Islas Cook. De entre ellas, en la Isla Mangaia, se tenía una costumbre para ayudar a iniciar una vida sexual, plena y activa.

A los hombres jóvenes de 13 años se les hace una circuncisión. El hombre que se encarga del ritual se convierte en el educador sexual y se ocupa de encontrar mujeres mayores que duerman con el joven.

Las mujeres les enseñan a los jóvenes que es el sexo, las diferentes posiciones y maneras de llevar al clímax a las mujeres, así como los educan en la forma de controlarse.

Pero no solo se anima a los hombres, «se anima a los hombre y mujeres jóvenes a tener muchas experiencias sexuales con muchas otras personas antes de encontrar a su futuro cónyuge y luego continuar teniendo relaciones sexuales con su pareja al menos una vez a la semana hasta que prácticamente ya no puedan hacerlo». [92]

Nuestra sexualidad no solo está presente en las tradiciones sino en el arte también. Los artistas trabajan con ella en diferentes ramas, ya sea escultura, pintura, danza, literatura y cine.

En la India, los templos de Khajuraho muestran flores, personas realizando actividades cotidianas, escenas de guerra y actividades artísticas. Así también, no se puede dejar de lado el aspecto religioso del templo, que muestra divinidades.

El templo también tiene un carácter sexual, exhibe una porción de esculturas sensuales donde «Hay representaciones de masturbaciones hetero y homosexuales, de sexo oral, de tríos, zoofílicas» [93] donde no se deja nada a la imaginación.

Hay muchas posibles explicaciones para la existencia del templo y estas esculturas. Se suele decir que solo son representaciones del *Kama Sutra*, que son un homenaje al dios Shiva y Parvati, también se lo piensa como una expresión de placeres carnales e, inclusive, como protección contra malos espíritus.

En Japón, la capacidad para el autocontrol se tenía en gran estima entre la sociedad; gracias a, en especial, las leyes confucianas que restringían al pueblo. Pero, a puertas cerradas, era otra historia. El sintoísmo no condenaba la sexualidad, abrazaba el placer sexual.

El *shunga,* que significa *«imágenes de primavera»,* un eufemismo para sexo fue creado, en su mayoría, por artistas de la escuela *ukiyo-e* (*«imágenes del mundo flotante»*).

Este arte reconoce las necesidades sexuales que tienen las personas. Se idealizaba a las mujeres, se las solía pintar con elegantes kimonos y con especial cuidado el cabello. Eran una contraparte del Occidente, ya que estas estampas se alejaban de la obscenidad.

La ropa era importante, se usaba como referente y para saber más del contexto de los personajes. «Según vayan vestidos, podrás saber si estás viendo a un comerciante, un guerrero, una sirvienta o una cortesana». [94]

«Las estampas eróticas muestran como el hombre y la mujer se entregan al placer en todas sus formas. Para ello, se ilustran los genitales con un tamaño desproporcionado y en un ambiente predominantemente floral». [95]

La desnudez no era parte del *shunga,* puesto que en los baños mixtos no había distinción de géneros y ahí se podía ver a cuerpos desnudos; por ello la ropa tenía un rol importante en las estampas.

Este arte fue prohibido en 1722 por el *shogun,* pero eso no detuvo su producción o distribución. Nuevamente, a finales de los siglos XIX y XX se lo denunció y se volvió tabú.

Aun así, siempre fue apreciado por el pueblo, pues no solo tenían un propósito estético ni era exclusivamente para hombres, también se les daban a mujeres. Las «imágenes también se utilizaron para brindar educación sexual a parejas jóvenes, para animar a un guerrero a ir a la batalla e incluso para proteger hogares». [96]

Así como el pueblo japonés seguía produciendo *shunga* a pesar de lo que decía el gobierno; el gusto por lo sexual no solo se reflejó en la pintura, sino también en la danza.

Naqada II era un pueblo del periodo predinástico, la era anterior al Egipto faraónico, que plasmó en cerámica a mujeres bailando; una de las representaciones más antiguas de las que se tiene registro.

El pueblo egipcio era un amante de la danza, este arte «era parte del espíritu egipcio y ocupaba un lugar destacado en los rituales y ceremonias religiosas, en ocasiones sociales y en las practicas funerarias egipcias relacionadas con la otra vida». [97]

En las representaciones se plasmaban a mujeres jóvenes bailando, ya sea con ropa ligera o desnudas. Se considera que estas danzas fueron los predecesores de muchos tipos de bailes exóticos y eróticos.

Los griegos, en sus viajes, vieron las danzas y las adoptaron, con la diferencia de que tenían la «costumbre que los espectadores arrojaran monedas, objetos de valor y dinero a las bailarinas». [98]

La costumbre de pagar por las danzas eróticas, en Europa, popularizó la contratación de bailarinas para entretener, coquetear y seducir a los caballeros. Las mujeres llevaban abanicos con los que seducían a los hombres; eso dio inicio al estereotipo de las cortesanas que seducen y bailan.

Se considera que el 9 de febrero de 1893, en el cabaret *Moulin Rouge*, en Paris, nació el "*striptease*" como lo conocemos. Es decir, aquel en el que la mujer se desprende de sus ropas, lentamente, y los espectadores gritan eufóricos con cada prenda que se saca.

Aunque en un inicio se llamó *effeuillage* (*desnudarse*), este acto quedo registrado por manos de una mujer, apodada Mona.

Este baile se expandió por el mundo y dio origen a diferentes prácticas. Ahí mismo, en Francia, nació el cancán francés, en Filadelfia nació el *hoochie coochie*, y el *pole dance* en EE. UU., durante la gran depresión.

De igual forma, se considera que en el Antiguo Egipto se originaron los primeros textos eróticos; esto por su recopilación de posturas sexuales así como de tratados del sexo.

Los griegos no se quedaron atrás, alrededor del año 400 a.C., a través del dramaturgo Aristofánes, nacieron los primeros textos de la literatura erótica.

Uno de ellos es *Pluto* («Πλοῦτος»), que narra cómo un ciudadano ateniense, Cremilio, se ve a sí mismo y a su familia como virtuosos; pero, a pesar de ese atributo, son pobres. Cremilio junto con su esclavo, Cario, se dirigen al oráculo de Apolo. Este les dice a Cremilio que deben seguir a un ciego que iba delante de ellos.

Este ciego resulta ser Pluto, dios de la riqueza; Cremilo convence a Pluto en ir con Asclepio, dios de la medicina, y, al ser curado, Pluto elimina a la pobreza de Atenas. Eso ocasiona que varias personas se acerquen a Cremilo, en su casa, para recriminarle por lo que provocó.

Entre los personajes que se acercan, hay una anciana lujuriosa que lo acusa de que, gracias a sus acciones, su amante le ha dejado; ahora es rico y no necesita más de ella.

Más tarde, su amante llega a casa de Cremilo para agradecerle. Ahí, se encuentra con su antigua amante y, al verla, su cuerpo recuerda sus momentos juntos.

Este acontecimiento es común en el género, se «alude habitualmente al cuerpo femenino, y expone en escena a mujeres desnudas, objetos del deseo erótico masculino, sobre las que proyecta su poca piadosa mirada, insistiendo en su aspecto físico y material, (...) inspeccionándolas y palpándolas sin más, como si fueran mercancía». [99]

Pero este tipo de textos no es exclusivo de estas dos naciones, en China, a principios del siglo XVI, un autor desconocido creo «Ruyijun zhuan», «El señor de la perfecta satisfacción» («如意君傳»), que se ambienta en la dinastía Tang (618 – 907).

La novela cuenta la historia de Wu Zetian, la primer y única mujer que ha gobernado china, que se considere soberana de manera legítima,. Ella rigió durante la dinastía Zhou (690 – 705, en medio de la dinastía Wang).

Hay que recordar que es una novela que mezcla la ficción con la realidad, pues cuenta la historia política y la vida sexual de la emperatriz.

A la edad de 14 años, Wu, se vuelve una de las concubinas menores del emperador Taizong de Tang. Años después, cuando el emperador muere, es obligada a ser monja budista pero es rescatada por el emperador Gaozong de Tang. Se vuelve su esposa y, cuando este muere, ella escala los rangos y se vuelve soberana de su propia dinastía. Cuando queda insatisfecha por sus amantes, ordena a un asistente que le traiga, de Louyang, a un virgen que, según los rumores, está muy bien dotado. Este virgen es Xue Aocao. Él es llevado ante Wu y ella examina su pene, al ser de su agrado ambos hacen el amor. Tan grande fue el placer, que Wu lo nombra «Señor de la perfecta satisfacción». Xue se volvió, así, el amante preferido de Wu y ella despidió a sus consortes.

Ruyijun zhuan detalla los numerosos encuentros sexuales de la emperatriz Wu, además de dar descripciones de los genitales de los personajes. El objetivo era dar una idea al lector, más que reflejar algo grotesco.

Se considera que, la literatura erótica china, nació en la dinastía Ming (1368 – 1644). Los textos anteriores a este período tenían dos funciones principales: ser un manual sobre el sexo y dar placer a los lectores.

Algunos, versados en el tema, comentan que «la literatura erótica se desarrolla realmente en la dinastía Ming, cuando se convierte en modelo del arte de amar, y más exactamente del arte de gozar». [100]

Cuando se busca un manual de sexo, para disfrutar y hundirse en el placer, el *Kama Sutra* pasa por la mente.

Se considera que el autor del libro fue el filósofo Vatsyayana, alrededor del siglo II d.C.. Se especula que el objetivo del libro era dar a conocer las cuatro virtudes de la vida.

El primero, disfrutar de los sentidos; el segundo, la vida virtuosa; la tercera, la riqueza personal, y la cuarta, es la liberación del ciclo de reencarnación.

Cuando se trata del ámbito sexual, no solamente se habla de posiciones sexuales, sino que debe discutirse el cómo atraer una pareja, como conservar a una esposa, como se debe de comportar una esposa y donde encajan las concubinas en el matrimonio.

Pero, pensar que es un libro sexual en su totalidad es un error común, «creer que la extensión de los siete libros del Kama Sutra dicta las relaciones sexuales … En términos simples, el enfoque del texto no es el acto físico de hacer el amor, sino más bien lograr el amor y placer en las relaciones y en la vida». [101]

Ya en el presente y dejando de lado las «enseñanzas» de estos libros, solo la sexualidad, Donatien Alphonse, Francois de Sade, o, mejor conocido, como el Marqués de Sade, escribió varias obras, mientras tomaba en cuenta la sexualidad en el centro de dicha historia.

Una de sus mayores obras es *Justine o los infortunios de la virtud*, cuenta de cómo la vida trató mal a Justine, después de quedar huérfana, cuando era una niña.

Al querer llevar una vida digna y virtuosa, es constantemente tentada por el vicios en todos los lugares a donde va; eso acarrea muchos infortunios, a lo que sus antagonistas nunca reciben un castigo.

A pesar de sufrir abusos sexuales y físicos constantemente, ella mantiene su virtud en alto. Este libro fue escrito mientras el autor se hallaba en prisión, ya que se volvió enemigo público.

 No era una sorpresa en la sociedad, estaba mal visto por las autoridades que hiciera «públicos sus deseos y utilizar la obscenidad para desmantelar un sistema de creencias morales, éticas y religiosas». [102]

La tarea de hacer un libro no es sencilla, ya que la publicación es muy difícil, más aún con las imprentas, no son tan rápidas como hoy en día, además de que antes la literatura, estaba reservada solo para ciertos grupos sociales.

Todo cambió en 1880, cuando se utilizó la impresión a medio tono. Esto es cuando se hicieron los puntos más finos, para hacer las imágenes más visibles que los puntos mismos. Facilito la publicación de revistas con imágenes de mujeres desnudas y llevó también a la publicación de comic con temática pornográfica.

Un poco más reciente, la fotógrafa, Lisa Murphy, creo un libro con en 17 imágenes, en relieve; se dio cuenta de que no hay un medio para el disfrute de pornografía para los ciegos.

En el libro *Tactile Minds*, además de las «imágenes en relieve, hechas a mano por su autora, muestran explícitos desnudos de hombres y mujeres, acompañados de texto en braile (...) que explican que ropa llevan los protagonistas de las imágenes.». [103]

El mundo dio un giro cuando los hermanos Louis y Augusto Lumière, el 28 de diciembre de 1895, en el salón indio del Gran café de París, proyectaron diez películas cortas.

Entre las diez películas, se vio la «salida de los obreros de la fábrica de Lumière, el regador regado (pionera de las películas cómicas). La llegada del tren provoca el pánico entre los espectadores», [104] al pensar que el tren iba hacia ellos.

Las películas se mostraron en diferentes lugares, pero en burdeles y clubes privados se empezó a proyectar películas pornográficas, utilizaban a las mismas prostitutas para las escenas.

La primera película considerada pornográfica como tal, es *«Le coucher de la Mariée»* (*«El acostarse de la casada»*), que se rodó en el año de 1896. Duraba siete minutos y mostraba a una mujer recién casada, desnudándose.

Estas películas se propagaron por todo el mundo, y su producción se volvió clandestina. Había pena de cárcel, por su producción y distribución, pero eso no le quito fama.

En los filmes europeos, la iglesia estaba muy presente debido al gran poder que tenía. Una forma de rebelión era poner a sacerdotes y monjas, en cualquier tipo de contexto sexual: voyerismo, relaciones heterosexuales y homosexuales e, inclusive, zoofilia.

En cambio, en América, los filmes pornográficos, mostraron momentos más cotidianos, al aire libre y con infidelidad. Por ejemplo, en Argentina, 1907, se realizó la película *El sartorio*. Duraba cuatro minutos y mostraba un grupo de mujeres jóvenes, desnudas, jugando a las orillas de un río.

Un fauno, al verlas, se acerca. Ellas se espantan, y huyen, el fauno va detrás de ellas, una cae y se desmaya. Ésta es tomada por el fauno y tienen relaciones de varias formas, con la mujer en un estado medio consciente.

Cuando terminan, se acuestan los dos en el pasto para retomar fuerzas. Al estar medio dormidos, las otras mujeres que huyeron llegan a rescatar a su amiga y ahuyentan con varillas al fauno.

Desde entonces las películas pornográficas han contado todo tipo de historias, crearon fantasías, y viven con nosotros, a pesar del tabú que conlleva este tipo de material.

En Japón, durante los primeros años de cine, se utilizaban narradores que explicaban la película, decían los diálogos de los personajes y describían las escenas.

El éxito de estos narradores, también llamados *benshi*, fue tal que se dice que la «(...) gente iba a los cines a escuchar la narración en lugar de ver la película (...)». [105] Esto se debía al todavía presente teatro de las marionetas, y la calidad de narración.

El cine se volvió más popular y las ideas de los japoneses volaron a todo el mundo. Una razón para esto fue la victoria de Akira Kurosawa, que ganó el Oscar a *Mejor película extranjera* con su película, *Rashomon*. Esta contaba la historia de un moje, un peregrino y un leñador, que hablan sobre un crimen cometido: la violación de la esposa de un samurái.

Quizá, la película más popular que sigue presente en la cultura popular, es *Gōjira*, del año 1954, dirigida por Ishiro Honda y con efectos especiales de mano de Eiji Tsuburaya.

Esta película creo un antes y un después en las películas y consolidó el género *kaiju*, aunque no solo fueron estos ejemplos de películas japonesas que lo pusieron en alto.

Al igual que en el resto del mundo, mostrar desnudez en las pantallas era un tabú. Pero, poco a poco, el erotismo se fue abriendo paso gracias a películas extranjeras.

Michiko Maeda, en *La venganza de la Reina Perla,* de 1956, fue la primer actriz que hizo una escena de desnudo en el cine japonés.

Esto inició un género llamado *pink film*, películas que contaban con desnudez o contenido sexual, sin ser explícito. El género principal, podía ser cualquiera, como drama o thriller.

La primera película considerada *pink film* es «*Flesh Market*», que se estrenó el 27 de febrero de 1962, pero no fue bien recibida. Dos días después del estreno, la Policía Metropolitana de Tokio detuvo la proyección de la película.

Se confiscaron todas las impresiones y los negativos, así que el personal de la productora hizo retoques y utilizó metraje adicional, para crear una nueva versión que fuera rentable.

Según los testimonios, la película trataba de una joven que es raptada por unos delincuentes, mientras investigaba el suicidio de su hermana. Del metraje original solo queda un fragmento de 21 minutos, de los 49 minutos que duraba.

En 1964, el director Tetsuji Takechi dirigió *Daydream*, que tenía tenía una breve escena donde se mostraba el vello púbico de una actriz. La película se estrenó durante los Juegos Olímpicos, por lo que el gobierno japonés se molestó con Tetsuji. Mostrar vello púbico y genitales estaba total y estrictamente prohibido y, aunque Tetsuji luchó en contra de la censura del gobierno, perdió. Eso ocasionó que se censurara la imagen, con puntos blancos, lo que convirtió a «*Daydream*» en la primer película que se «*empaño*»; algo característico en las películas pornográficas japonesas (*JAV*).

Estas medidas para las películas se hicieron comunes, aunque en manga y novelas no había problema debido a un movimiento llamado *ero-guro-nansensu*. Pero, en fotografía y películas, era otra historia. Durante la ocupación de EE.UU., impusieron las ideas occidentales sobre la moralidad, por lo que se prohibió todos los medios de contenido sexualmente explícito.

Esta moralidad impuesta sigue activa hoy en día, por ello cada producción *JAV*, se encuentra censurada para distribución y venta, ya que no hacerlo se paga con pena de cárcel.

Algo diferente que tiene las películas *JAV* son los códigos que utilizan para su localización; aunque su sistema no es uniforme, ya que cada productora tiene su propio sistema de código, para sus diferentes categorías. Los códigos siguen un sistema único, que consiste en una serie de letras, de tres a cinco, con un guión y tres números.

La productora *TMA* (*Total Media Agency*) se fundó en octubre de 1990. Con lo que iniciaron y que ganaron popularidad, fue con parodias de manga y anime famosos de la época.

Más tarde, en 2001, se lanzaron películas con temática *cosplay* dirigidas al público *geek*. Pero fue «a partir de 2005, la compañía realmente comenzó a desarrollarlos, lo que resulto en películas en las que aparecían actrices vestidas con una variedad de trajes de juegos y anime». [106]

«¿Amas a tu madre y sus ataques de dos golpes y de múltiples objetivos?» («通常攻撃が全体攻撃で二回攻撃のお母さんは好きですか?»), también conocido como «*Okā-san Online*», es una serie de novelas ligeras que vio la luz en 2017.

La trama de la serie gira alrededor de Masato, un hijo que se molesta con su madre, Mamako, por su sobreprotección. Debido a una serie de sucesos, ambos son absorbidos por un videojuego.

Allí, Mamako tiene estadísticas por mucho más altas que su hijo Masato; esta diferencia entre estadísticas hace que Masato haga entre poco y nada, lo que aumenta su molestia hacia Mamako.

De la mano de *TMA*, el 22 de noviembre de 2019, la serie tubo una adaptación a *JAV*, con el nombre «*Do You Like MILFS Who attack you over with piston-pounding* *f*cks?*» (*CSCT-001*), con la actriz Toka Rinne. Antes de iniciar la película se proyectó una entrevista, con ella leyendo el manga. En esta, la actriz menciona que es la primera vez que hace cosplay, después revisa las espadas de utilería y, finalmente, se pone el cosplay en su totalidad.

Así como esta película, hay muchas otras adaptaciones y parodia de diversos animes, *doujins* o un simple cosplay de alguna profesión, como secretaria, enfermera o estudiante.

Pero no todo es miel sobre hojuelas, existe una película por la cual los fans se dividieron: entre aceptar la adaptación u odiarla por menospreciar a un personaje fuerte.

Es el caso de la película producida por TMA, «*Beautiful Girl Assassin Yo x Ryo Group Circle Creampie Fuck x 10 Consecutive Large Amounts of Semen Bukkake Himari*» (*SAIT-028*).

Para la película tomaron al personaje, Yor Forger, de la serie *SPY x FAMILY* del mangaka Tatsuya Endō. La representaron realizando una misión bastante peligrosa, por desgracia la atrapan y sus captores la usan para satisfacer sus deseos más bajos.

Aunque muchos vieron esta película como una parodia y simplemente la disfrutaron como una película porno, otros se enojaron con la forma en la que adaptaron a Yor.

Entre las críticas, un fanático de la obra la calificó con dos estrellas y dio una amplia reseña en la que narró una opción de cómo se podría mejorar la película.

El fanático dice que Yor, al ser un personaje demasiado fuerte, no debería caer en el primer minuto. Además, es amedrentada con una pistola y atada con unas cadenas que ella puede romper fácilmente. También da la opción de utilizar juegos psicológicos con Yor, utilizando a Anya como rehén y, usar este medio, para satisfacer sus necesidades más bajas. [107]

Pero las críticas no detienen la producción de películas *JAV*, en todo caso aumentan el foco de atención.

Wanz Factory creó una serie de películas con la temática del cosplay: «*Monthly dangerous day creampie off-meeting with a famous cosplay*». El concepto es bastante sencillo, una película porno en la cual, la actriz utiliza un *cosplay*.

Un caso curioso es el de Yuko Haruno, una *cosplayer* que decidió entrar en el mundo del *JAV*, por la marca *AV DEBUT(STAR)* de *Soft on Demand*. Lo habitual es que sea al revés, ya que las compañías se adapten a lo que está de moda.

Yuko comenta que vio a amigos suyos entrar al mundo *JAV* y decidió intentarlo. Fue a una compañía y presentó su propuesta. Dijo que, al tener experiencia haciendo *cosplay* y con videos, ganó algo de experiencia en capacidad actoral.

Yuko no tenía una buena relación con su cuerpo, ya que sus pechos son grandes, y solía utilizar un sujetador tipo *kimono*, para ocultar su cuerpo. Pero, después de empezar en el *cosplay*, empezó a ver su físico como un atributo positivo y dejo de usar ese tipo de sujetador.

Una diferencia que nota Yuko entre el *JAV* y el cosplay, es la cantidad de maquillaje. Cuando hace *cosplay*, utiliza mucho maquillaje, pelucas, lentes de contactos, pestañas postizas y muchas otras cosas, para asemejarse al personaje que busca representar.

En el *JAV*, la cosa es diferente. Cuenta que usa maquillaje más claro, para parecer que casi no usó maquillaje, y se enfocó más en su belleza natural y en utilizar menos accesorios. [108] El cosplay en el *JAV* dejó de ser, exclusivamente, videos producidos en Japón y se volvió una categoría en plataformas pornográficas y en la venta de contenido para adultos.

Además, así como las personas se juntan en las convenciones de anime y manga, para hablar y comprar mercancía junto a amigos y familiares, también hay convenciones que se enfocan en contenido adulto; convenciones ero, referentes del erotismo. Últimamente, han crecido, lo que hizo que muchos cosplayers se enfoquen en hacer contenido ero.

AeryTiefling es una cosplayer que creció viendo anime, cuando fue a una convención conoció el *cosplay* al ver «(...) una marea de personas disfrazadas y actuando como los personajes, ¡quedé hipnotizada! Inmediatamente supe que quería probar eso también, ¡ya que todos parecían divertirse muchísimo!» [109]

Empezó a hacer *cosplay* e ir a convenciones por diversión. Recuerda que su primer *cosplay* fue Revy, de *Black Lagoon* escrita por Rei Hiroe, «¡Supongo que me atrajo su estilo y lo fácil que era (aparentemente, en ese momento) simplemente agarrar una camiseta sin mangas y pantalones cortos y ser como ella! ¡Supongo que ella es la razón por la que comencé a hacer cosplay!»

En la convención, algunas personas le pidieron fotografías, lo cual le encanto y quedó como uno de sus mejores recuerdos. Dice, en base a su experiencia, que entre más «raro» sea el personaje del que se hace *cosplay*, la recepción es más entusiasta.

Durante marzo del 2020, compró un cosplay de 2B, del juego *NieR: Automata*, desarrollado por PlatinumGames- Tenía planeado usarlo en una convención ese mismo mes, pero se pospuso todo por causa del COVID-19.

Pero eso no la detuvo y siguió haciendo cosplay. Lo malo de esto es que es un hobby bastante costoso, lo que dificulta hacerlo de manera profesional. Por el contrario, en el erocosplay es más sencillo obtener una monetización.

Aunque que sea sencillo de monetizar, no lo hace sencillo de hacer, «(…) ¡pero el cosplay ayuda a que nuestro contenido destaque!»

«¡Al final del día, el sexo vende! Y creo que elegir hacer erocosplay es empoderador: ¡elijo que mostrar, a quien mostrar y me divierto haciéndolo! Los personajes de anime también suelen ser lascivos, por lo que la combinación de erotismo y cosplay es un salto bastante lógico a partir de ahí».

Por lo que, durante el mimo 2020, decidió abrir una cuenta de OnlyFans y empezó a dedicarse enteramente al erocosplay. Dejó su trabajo anterior y, al tener éxito, decidió abrir más cuentas en diversas páginas.

A pesar de su éxito no se considera que esta entre las mejores. Menciona que todavía necesita mejorar en calidad y pulir su contenido. Hay muchas preguntas que invaden su mente al momento de empezar a hacer contenido *erocosplay* y +18.

«Lo más difícil que siento en general es innovar. ¿Qué se ha hecho y qué no? ¿Qué personajes están sobresaturados o tienen mucha demanda? ¿Cómo puedo hacer que este personaje sea sexy? (¡Algunos personajes son realmente difíciles de erotizar, como Komi Shouko, por ejemplo!). ¿Qué nuevas poses y posiciones puedo probar? ¿Cómo mejorar mi calidad de sonido o configuración de luz? ¿Cómo puedo llevar mi cuerpo a nuevos límites y conseguir un mejor físico dentro de parámetros saludables y sostenibles?».

Aunque ama hacer erocosplay y contenido +18, también ha tenido problemas durante sus sesiones. Recuerda que sucedió mientras estaba en una sesión del personaje Haru, de *Beastars* de Paru Itagaki. Es un cosplay relativamente sencillo, pues solo usaba unos props; unas orejas de conejo, peluca y uniforme escolar. Sin embargo, ella se estaba recuperando de una gripe y, mientras estaba en medio de la sesión, se le estaban cayendo las orejas. Además, como era una sesión al aire libre, el clima no era favorable y anunciaba lluvia., Estaba a punto de cancelar la sesión, pero se tomó un descanso y, al ver que no llovía y que sus síntomas de la gripa disminuyeron, decidió terminar la sesión.

Dice que, aunque se puede pensar que recibiría bastantes malos comentarios, sus fans siempre han sido respetuosos y no necesariamente hablan de cosas sexuales; apoyan su trabajo en las redes oficiales.

«Generalmente *"problemas"* son con comentarios en las redes sociales fuera de los sitios de fans, pero afortunadamente nunca tuvieron nada serio; Solo algo de *"tus tetas no son iguales a las de ese personaje"* o *"¡Bah, otro cosplay de bajo esfuerzo!"*».

Pero eso no le molesta pues es parte del trabajo. «Algo bueno a tener en cuenta es considerar esto como un trabajo. Tenemos que separar nuestro ego del trabajo y los comentarios que recibimos, comprender qué se espera y qué límites queremos establecer y comunicar, y afrontar nuestra personalidad online como si fuera una marca. ¡Creo que eso ayuda mucho a mantener las cosas libres de drama!»

Candy Camille es una cosplayer que inició como creadora de contenido +18. Ella llego a conocer el cosplay porque hacía contenido personalizado y uno de sus fans le pidió que hiciera un video en cosplay.

Al inicio, solo era contenido personalizado. Pero cuando su esposo empezó a hablarle sobre anime y asistieron a convenciones juntos, ella empezó a fascinarse con el cosplay. De esa forma empezó a hacer *cosplay* de manera más común, tanto de su forma base como en *erocosplay*.

Cuando vivía en Canadá trabajó en una compañía como ingeniera; como segundo trabajo, hacía contenido +18, específicamente en la plataforma PornHub, junto a su esposo, en aquel entonces su novio. Al inicio, lo hacía de manera anónima pues quería mantener un perfil bajo, pero una persona la reconoció y empezó a chantajearla.

Este hombre quería un favor de índole sexual, a cambio de no decirle a todos dentro de la empresa, que ella hacia contenido +18. Su novio, en aquel entonces, en el momento que se enteró del chantaje le dijo que había que cerrar la plataforma; a lo que ella respondió: «No, a mí me gusta hacer esto, yo quiero hacer esto, yo no voy a permitir que una persona trate de chantajearme, de amenazarme o algo así, porque eso lo van a hacer hoy, lo van a hacer mañana lo van a hacer en diez años». [110]

Candy Camille le dijo al chantajista que les diga a todos que no tiene que ocultar nada, pues a ella le gusta lo que hace. Esta persona lo hizo y ocasionó que la corrieran del trabajo.

Procura no enojarse o frustrarse porque siempre ha tenido contacto con personas que se quieren aprovechar de ella. «Lo he sufrido como ingeniera, lo sufro como maestra de pole dance, lo sufro como creadora de contenido, lo sufro como *cosplayer*, lo sufro como mujer (…) porque es algo que siempre y siempre va a pasar (…)». Así que se enfoca en hacer lo que le gusta, con la persona que ama.

Pero hay un grupo de «fans» que lo que quieres es tener encuentros con ella, los que le preguntan dónde está, que le mandan fotos tratando de crear interés, para que Candy Camille los note. Le ha tocado interactuar, en convenciones ero, con algunos fans con cierto nivel de ebriedad; que se acercaron a ella preguntándole cuánto cobra. Aún así, también hay un grupo de fans que se interesan en ella genuinamente, que la respeta tanto en su trato como en la manera de hablar, no tuteándola sino hablándole de usted.

Recuerda que, al inicio de su carrera, su personalidad la dominaba cuando respondía mensajes. Al ser una persona directa, respondía de esa forma los mensajes. Pero, gracias a que también es maestra de *pole dance*, aprendió a hablar ante el público y tratar con la gente. Además, su esposo le aconsejaba cómo responder a las personas.

Su esposo es un pilar para ella; manejan las cuentas juntos, él sabe con quién habla, la acompaña a eventos y la aconseja cuando le mandan fotografías de penes, Candy Camille se frustraba al ver que tantos hombres lo hacían sin que ella les diera pie, pero su esposo le dijo que los ignorara: «no te enojes no vale la pena, (...) vas a bloquear a uno y diez más lo van a hacer». Actualmente, se volvió una forma de pasar el día, burlándose de los hombres que hacen esto. De todas formas, eso no los libró de los celos. Durante la expansión de fama de Candy Camille, él le reclamaba que hablaba mucho con alguien, que le ponga atención. Pero es un apoyo para ella, pues «(...) sin el yo no estaría aquí donde estoy, (...) es mi fotógrafo, mi videografo, (...) es mi manager, lo pongo como mi jefe, mi jefe de seguridad (...)».

Ha escuchado a compañeras *cosplayers* contar que tienen momentos malos con sus parejas, pues en ellos explotan los celos, las engañan con otras cosplayers, se enojan porque suben fotografías de erocosplay, cosplay o de civil porque tienen una cuenta de OnlyFans. Y, a ella le preguntan si le cuenta a su esposo o lo oculta, a lo que responde que, sí, él sabe; que la ayuda, la apoya y ahora sabe distinguir entre el trabajo y su vida personal.

Recuerda uno de sus primeros momentos incómodos. Durante una convención, se le acercó un hombre bastante alto y cuando ella lo saludó, él le tomó la mano, la besó, la abrazó y la cabeza de Candy Camille quedó sobre el pecho del señor. Ella escuchó el latido de su corazón y sintió el sudor que estaba en su pecho; después el señor empezó a decirle que era muy bonita y hacía que su corazón latiera.

Ella miró a su esposo buscando ayuda; él se acercó y ella se zafo y lo abrazó. El señor, al ver que no podía conseguir nada, se retiró. Después vio que el hombre hizo lo mismo con otra *cosplayer*, ella intervino para que él la soltara y tuvo éxito. Lo malo es que estuvo haciendo exactamente lo mismo con otras cosplayers. Candy Camille fue detrás del señor para evitar que siguiera incomodando a sus compañeras.

Al final, fueron con el staff; ellos le pidieron al hombre que evitara incomodar a las *cosplayers* o se le iba a retirar del evento. El señor se enojó y terminó yéndose, hasta la fecha Candy Camille no ha tenido otra experiencia similar.

En otra ocasión, un hombre le mandó poemas en francés y la inundó de mensajes, hasta que llego un punto en que Candy Camille solo lo dejaba en visto. Eso fue hasta que lo vio en una convención y le dijo a su esposo que ahí estaba el hombre que la acosaba con mensajes. En cuanto se acercó a ella, se sentó detrás de su mesa y empezó a ignorarlo, mientras le prestaba atención a otras personas. Como resultado, aquel hombre despareció de su vida.

Aunque recibe críticas, ella los arremeda diciendo «hay es que tu solamente te grabas, estas desnuda, una cámara y vendes el video, y es como de ósea sí y sí me pagan muy bien, PERO, también he estado en concursos y también gano muy bien».

Pero no solo los momentos malos rondan por su cabeza, también tiene momentos buenos. Recuerda que gracias a ser amable y ayudar a otras cosplayers, se le han abierto las puertas a otras convenciones. Así pudo crecer en convenciones, y salir más allá del Estado de México y Ciudad de México.

Cuando fue a una edición de *LaMole*, en Ciudad de México, como invitada del área ero; muchas personas, alrededor del 80% que se acercaron a ella, la felicitaron por su participación en una edición pasada de

LaMole. Comenta que se sorprendió de que no solo es lo sexual lo que atraen a sus fans, sino también su carrera. En esta misma edición hicieron cinco *photobooks* con la idea de que se vendieran, pero no podían creer que se habían acabado; no solo individuos sino parejas se llevaban el producto, sino tríos, siendo la mujer la parte interesada. También interactuó con parejas al venderles juguetes sexuales y darles consejos sobre cosplay.

Las marcas también la han buscado, para promocionar desde lociones hasta torsos, en ciertos casos ella tiene descuentos en tiendas. Pero, en una ocasión, una marca le mandó una muñeca de tamaño real que quedó retenida en aduana, porque necesitaban papeleo, test antidroga y revisiones; después tuvo que esperar a que aduana libere su paquete. Una pregunta que a veces invade su mente es dónde va a guardar las cosas, porque su casa está llena de mercancía y de cosplay.

Candy Camille tenía un proyecto que hizo desinteresadamente; una cuenta en Instagram donde compartía el trabajo de otras cosplayers, de forma gratuita. Existían cuentas que comparten el contenido, pero cobran una cierta cantidad de dinero. Por desgracia, esa cuenta se baneo por supuesto contenido sexual, pero solamente era *cosplay.*

Candy Camille peleó para que no le bajaran la cuenta, inclusive las *cosplayers* de las que compartía contenido también abogaron por ella, pero sus esfuerzos fueron inútiles porque, de todas maneras, se dejó baneada la cuenta.

Algo que caracteriza a Candy Camille, como *propmaker*, es que sus *cosplay* tienen props con luz. Esto surgió cuando hacía una *katana* para el cosplay de Psylocke, de la franquicia *X-Men*. Aunque al inicio no tenía planeado que tuviera luz, durante un *stream* enseño su katana y, en el chat, le preguntaron si iba a tener luz, una característica de ella; solo dijo que si va a encender.

Pensó en pegar una tira led de un lado pero del otro no se podía ver, así que empezó a buscar un material transparente para pegar la tira led doblada. De hecho, busco como se hizo la katana utilizada en la película *X-Men: Apocalypse*, estrenada en 2016, y vio que era la misma idea que ella tuvo.

Así empezó a trabajar en la katana. Hizo el mango con tubo PVC, hizo un agujero en él para poner el switch, el cableado y un espacio para la pila; como resultado obtuvo una *katana* un poco gruesa, pero que quedó perfecta.

En ocasiones, algunas convenciones hacen publicaciones en la que piden al público etiquetar a sus cosplayers favoritas. Candy Camille alienta a sus fans para que la etiqueten a ella, porque quiere que la convención vea que el público la quiere. Ella recompensa a sus fans con *wallpapers* exclusivos; de la misma forma recompensa a sus seguidores si le patrocinan *cosplays.* A uno le otorgo un año de OnlyFans, por patrocinarle un *cosplay* completo para LaMole.

Por estas recompensas suelen decirle que no regale su trabajo y también le preguntan porque tener un OnlyFans si también sube contenido a PornHub; en este último se puede ver gratis. Ella dice que gana de ambas formas, la última plataforma le paga por las vistas, pero recomienda que lo vean completo para que se pague completo.

Aunque hay *cosplayers* que hacen contenido +18, también llamado contenido gráfico, hay otros tantos que hacen *cosplay base* y *erocosplay.*

Para El_trapo_shido el *erocosplay* nació de sus *crossplay,* pues entre más hacia más le «(...) daban ganas de hacer cosplay (...) un poquito más revelativos, me daban ganas (...) de mostrar más piel», [67] Al ver a una cosplayer de conejita, se imaginó con el traje, participando con una coreografía.

Para Pinku, conoció el *erocosplay* desde que se llamaba *sexy cosplay* y el primer *erocosplay* que vio, fue el de Pikachu de la franquicia *Pokémon*, por Jessica Nigri, en 2009, en la *San Diego Comic-Con*. Ella empezó a hacerlo pero nada explícito Dice «(...) mi contenido es meramente erótico y son trajes tipo bikini». [74]

Ella deja volar su imaginación y pone el fanservice en primer lugar. «Eso es lo chido del erocosplay por ejemplo que tienes un poquito más de libertad, (...) de hacer *fanservice* de darle características al personaje que no tiene, cuando erocosplay me siento con esa libertad, cuando hago cosplay no tengo tanta esa libertad, porque si me tengo que apegar un poco más a las características de ese personaje (...)».

«Me imagino al personaje en su versión sexy y si me gusta pues lo hago», es la manera en la que selecciona su próximo set o erocosplay, a usar en una convención +18. Otra cosa que le gusta es ajustar su cosplay base para hacerlo erocosplay, ya que es otra forma en la que saca a flote su creatividad. Busca que la pose, la iluminación y la escenografía sean acordes al personaje. El camarógrafo también juega un papel importante, ya que depende de él enfocar la foto, desde solo el cuerpo hasta la conjunción del cosplay con el fondo.

ElReyKing conoció el cosplay cuando asistió a convenciones siendo adolescente y vio diferentes cosplayers. Decidió hacer un cosplay, y fue a una de estas convenciones. Tuvo un buen recibimiento, le pedían fotos y le decían que le había quedado muy bien.

Empezó desde cero, sin conocimiento y sin dinero, usando cartón y engrudo. Cuenta que este fue su primer problema en el cosplay, en aquel tiempo no había tantas facilidades para conocer sobre materiales, como telas, goma eva, costura, etc.

Tras prueba y error, empezó a hacer sus propios cosplay y, como ya se mencionó, tuvo una buena recepción en lo que se volvió su fandom. Eso lo introdujo al erocosplay, pues hubo un evento en Veracruz, México, en el que lo etiquetaron y, cuando él preguntó de que trataba el evento, le respondieron que era una convención ero.

Un amigo le comentó que podía intentar hacer un erocosplay, al ElReyKIng le pareció interesante y le dio curiosidad por participar. Lo hizo, y, al término del evento, se dio cuenta de que lo había disfrutado mucho, a pesar de ser espontáneo.

«(...) A mí me gusta la extravagancia, me encanta el llamar la atención, me gusta ser el centro de atención y alegrar a la gente y verlas feliz y pues me di cuenta que con ese traje de erocosplay, pues la gente se anima (...) nada morboso o sea todo con respeto (...) a diferencia de algunas cosas que con el cosplay normal, si no me gustaba, de que te juzgaban mucho, por el tipo de tela, no tienes la figura, es que estas gordito, es que estas muy alto, es que no tienes facciones, en el erocosplay te dicen: ¡que chido te quedo! (...)». [111]

Recuerda que fue a una convención con *cosplay* de Griffith, del manga *Berserk* del autor Kentaro Miura. Hizo la armadura completa, consiguió una peluca blanca rizada, compro un pantalón café y una camisa banca. Este cosplay fue criticado por conocidos y extraños, lo denigraron porque la ropa brillaba, la armadura se veía muy tosca y porque estaba un poco gordo.

Aunque termino tirando parte del cosplay por los comentarios que le hicieron, siguió adelante y descubrió que una de sus mejores experiencias era el cosplay grupal. ElReyKing comparte que «(...) la convivencia con otros *cosplayer*, cuando las personas cuando le encantan tu trabajo, se siente tan bien y ayudas a los demás a sentirse bien».

Las mejores experiencias que ha tenido son cuando hace *cosplay* de personajes queridos como Bowser, de los videojuegos de Nintendo, o Miguel O'Hara, de la franquicia de *Spider-Man.* Puede ver la alegría y asombro de niños y adultos y, al hacer erocosplay, llegó a conocer a su actual novia.

Menciona que, si se va a hacer cosplay, hay varias pautas que se debe tener en mente. Hay que disfrutar la experiencia del cosplay, aun cuando sea uno muy básico: «siéntete cómodo con lo que tu estas usando». Otra es prepararse para las críticas, es lo más normal y mejora los cosplays. Hay que investigar cómo usar nuevos materiales, ya que no todas las telas son iguales ni todos los pegamentos sirven en todos los materiales. Se debe aprender a utilizar las manos para hacer props, a coser, a rediseñar ropa y maquillarse. Y, también, hay que conseguir las herramientas, desde una máquina de coser hasta la pistola de calor. Por último, hay que hablar con otros cosplayers.

Menciona que en sus inicios convivió con la vieja generación, pero sentía el rechazo de los cosplayers al acercase, ya que no veía las cosas como ellos. Además que, al momento de pedir consejos, no se los daban o le explicaban de tal manera, que era difícil de entender. Y si lograba mejorar en calidad, se enojaban porque no les daba el crédito a quien «te enseño», porque no debía superarlos.

Durante esos primeros años fue bastante difícil hacer *cosplay* y detuvo su carrera por un tiempo, porque ciertos grupos lo atacaban. Pero, trabajando duro, pudo hacerse su lugar y, actualmente, nota que esta nueva generación es más amable, abierta y dispuesta a ayudar. Por ejemplo, una vez fue parte de un cosplay grupal del manga *One piece*, del autor Eiichirō Oda y no encontró inconvenientes por parte de los otros cosplayers.

Retomando el *erocosplay*, para iniciarse en el erocosplay menciona que uno se debe dar libertad creativa, ya sea si se quiere ser más erótico, lindo o sexy.

Rainbow Bonny considera que la vida la preparó para el *cosplay*, pues es algo que siempre quiso hacer. Aunque no recuerda cómo conoció el *cosplay*, ella cuenta que «(...) debió de haber sido buscando algún personaje en Google imágenes y que allí salieran gente en *cosplay* (...)». [112] Su deseo fue hacer cosplay de Sakura Haruno, del manga *Naruto* del autor Masashi Kishimoto.

Menciona que las habilidades que aprendió la guiaron hacia el cosplay; maquillaje, actuación, corte y confección, entre otras. «(...) sin pensarlo toda mi vida me preparo para esto».

Entre sus cosplays, además de personajes de anime, caricaturas y videojuegos, también hace de mascotas de productos alimenticios o del mismo producto, como el *Osito Bimbo* del *Grupo Bimbo* o *Coronel Sanders* de la cadena *KFC*. A su equipo de trabajo les gusta imaginarse cómo sería una mascota o producto en su versión *waifu*. Piensan: ¿qué usaría?, ¿cómo se vería?, ¿cómo actuaría? todo «(...) es un trabajo muy divertido y sumado a que al público le gustó mucho era la receta perfecta para hacerlo».

Menciona que es realmente difícil realizar cosplay como trabajo a tiempo completo. «(...) Tengo que sacar un cosplay cada mes y contenido diario o cada dos días en redes así como *lives*, estar constantemente en historias y siempre buscando como reinventarse (...)». Además de que es difícil hacer los cosplays, hay que «(...) estilizar las pelucas, conseguir la tela, hacer los props, el vestuario, pensar y hacer los fondos (...)».

Desde que empezó siempre tuvo presente la idea de iniciarse en el erocosplay. Al menos, desde que conoció sobre el caso de Belle Delphine pensó que también podía embarcase en el ámbito. «(...) nunca fue pensando (Nunca pensó)en el clásico "ganar un montón de dinero" si no que después de analizarlo como ya mencione las cosas que me gustan y que eh estudiado desembocan allí, me gusta mi cuerpo, el sentirme linda y deseada, el arte de la seducción y de representarlo atreves de una pantalla es muy divertido y un gran trabajo que varía dependiendo quien es el personaje del cosplay, la emocion y el momento de lo que se quiere trasmitir con todo el lenguaje narrativo, actuación, vestuario, iluminación, escenario, el encuadre, todo importa a la hora de contar una historia».

Aunque es común pensar que hacer erocosplay es una manera fácil de ganarse la vida, comparte que es todo lo contrario: «(...) es como jugar la vida en difícil, en redes tienes que promocionar tu trabajo sin decir que vendes ni poder mostrarlo ya que podrían quitarte la cuenta, colaborar con marcas es el doble de difícil ya que casi nadie quiere verse relacionado con eso, te consideran poco profesional o incapaz de saber hacer otras cosas, consideran que no es un trabajo que solo es quitarse la ropa frente a una cámara y que por eso no tiene mérito, que incluso dejamos mal el nombre del cosplay y muchas otras cosas de este estilo, es justo por csto que soy activista para des estigmatizar el trabajo sexual ya que es trabajo y quienes nos dedicamos

a esto somos humanos como cualquier otros y mere‑
cemos respeto».

Rainbow Bonny ama su trabajo, le encanta que las personas lo apoyen; el trabajo le dio la oportunidad de participar en convenciones: «(...) que una marca te considere, que te hagan *fanarts*, que hablen lindo de tu trabajo, poder trabajar a tus horas, ganar dinero de lo que amas (...)».

En su trabajo como erocosplayer ha tenido buenas experiencias. «(...) El escuchar los comentarios tan bo‑ nitos y positivos de los clientes por un trabajo que te esforzaste en realizar, sobre cómo les alegraste el día o como les encanto tal toma o tal expresión y esas cosas que demuestran que realmente les gusto tu trabajo y lo aprecian es también inigualable.».

Y, aunque ha tenido malas experiencias, para ella lo peor es poner mucho esfuerzo en un cosplay y que no reciba apoyo, sino que los comentarios se tornen en críticas hacia un aspecto específico del cosplay o que, simplemente, al público no le interese. Además también está presente la amenaza del *shadowban*.

Sus *fans* en erocosplay «(...) siempre son muy res‑ petuosos y amables, el medio es muy amigable a mi ex‑ periencia, creo que lo peor es más bien el estigma por fuera, de otros *cosplayers*, gente que no son clientes, marcas y en general la gente que tiene esta perspectiva de que somos objetos o incapaces de ser profesionales o de plano que somos inferiores es lo peor».

El cosplay es un arte difícil de realizar. Y, si bien es sumamente agradable a la vista, eso no transforma a las personas en objetos, que solo están allí para nuestra disposición y que, por lo tanto, deben hacer lo que queramos.

Cuando Jim Hawkins era un niño, él buscaba la forma de vestirse similar a los personajes de caricaturas o películas que le gustaban. Tiempo después, gracias a las redes sociales, conoció el cosplay; empezó a ir a convenciones que aumentaron su interés en el medio.

Jim comenta que «mi cariño y afinidad a los personajes me llevó al interés de representarlos de alguna manera, y el cosplay fue la opción más inmediata para manifestar ese interés». [113] Gracias al cosplay encontró una comunidad donde pudiera continuar haciendo cosplay.

Jim empezó a tomar fotos de sus cosplays, pero con la camisa abierta, sin ella o en ropa interior. De ahí, sus fans le hicieron descubrir el erocosplay. Dice que el erocosplay le ha permitido juntar sus gustos.

Incursionó en el erocosplay porque él se siente más en sintonía con el erotismo, ya que su personalidad «(...) tiende a ser desinhibida y algo cachonda, de igual manera, mis gustos de consumo son primordialmente por el género de BL (...)». El género al que se refiere es *Boys Love* o también conocido como *Yaoi*.

Para escoger su próximo cosplay Jim cuenta que «(...) elijo personajes con quienes comparto rasgos de mi personalidad, y, el construirlos desde el concepto erótico, me lleva a necesitar que el personaje quede claro en un contexto que muchas veces no es su nativo, por esto procuro cuidar detalles de las pelucas y el maquillaje para mantener reconocibles a los personajes.».

Dice que sus fans son muy cálidos con él, «(...) y frecuentemente me regalan algún objeto, carta, dibujo o dulces.». Además, cuenta con las amistades que ha hecho en esta comunidad.

Aunque también ha tenido malas experiencias, recuerda una vez que alguien, sin preguntar con anterioridad, decidió manosear su abdomen. Jim tenía una perforación en proceso de cicatrización y el toqueteo arruinó la pieza.

Las personas que hacen cosplay viven muchos retos para realizar su pasión. Retos físicos, porque aprenden muchas habilidades para mejorar su trabajo, recorren largas distancias y pasan por jornadas laborales arduas para completar sus cosplays. Retos psicológicos, ya que lidian con la presión de mantenerse activos en redes sociales, llevar buenas relaciones con sus *fans*, tanto en línea como en persona, hacer la logística de viajes, como invitadas o como competidoras y llevar un ritmo demandante en las convenciones.

Lo mejor que podemos hacer para mantener este mundo es apoyarlos al seguir sus redes sociales, comprar su mercancía y tratarlos con respeto, sin rayar en el acoso.

Hay que respetar los límites que los *cosplayers* imponen en sus dinámicas; no debe haber «accidentes» cuando se conocen porque el cosplay no es invitación para propasarse. Por ello tantos cosplayers levantaron la voz, para recordar que no merecen ser acosados.

Por ello se repite una y otra vez, disfruten el cosplay y apoyen a los cosplayers.

AGRADECIMIENTOS

Estoy profundamente agradecido con todos los *cosplayers* que se tomaron el tiempo para leer mi mensaje y contestarme.

Gracias por darme unos minutos de su tiempo, para realizar las entrevistas por videollamada o por escrito. Aunque me encontraba sumamente nervioso, se portaron totalmente profesionales conmigo.

Danna Paola Makeup

Cosplayer A

Manzana Chruse

el_trapo_shido

Rotten Liu

Grimmi

Lilith_olivites_cosplay

Kiki y Luis

Checochiquito

Thishyori

Gemeliwiis

Daniel

Berube

Boku no miya

JohnODST117

Wendy

Pinku Cosplay

Cossette Cosplay

Aetheya

Al Squall

Nienna Surion

Mars Cosplay

Mightymillis

Pilerud

Sorato

AeryTiefling

Candy Camille

ElReyKing

Rainbow Bonny

Jim Hawkins

Gracias a ustedes, este libro se pudo hacer.

BIBLIOGRAFÍA

TRADICIONES

1. Smith, H. (2020, 28 de septiembre). Samhain. https://www.worldhistory.org/trans/es/1-19183/samhain/

2. Conde Fabregat & Guillen, R. [Tipos Míticos]. (2020, 29 de octubre). 209 La Mitorrisa – Cotorrisa Crossover – Especial de Noche de Brujas [Video]. YouTube. https://www.youtube.com/watch?v=vBLvnRwd8no

3. Abel G. M. (2023, 31 de marzo). La cruz, de castigo ejemplar a símbolo del cristianismo. https://historia.nationalgeographic.com.es/a/la-cruz-de-castigo-ejemplar-a-simbolo-del-cristianismo_15197

4. López, A. (2016, 15 de junio). El curioso motivo por el que la cruz es el símbolo del cristianismo. 20 minutos. https://blogs.20minutos.es/yaestaellistoquetodolosabe/el-curioso-motivo-por-el-que-la-cruz-es-el-simbolo-del-cristianismo/

5. H. H., Saray. (2020, 17 de enero). El origen del color púrpura. https://www.elinvernaderocreativo.com/el-origen-del-color-purpura/

6. Scaliter, J. (2021, 26 de abril). Historia del púrpura como el color de la realeza. https://www.muyinteresante.es/historia/35863.html

7. El guerrero jaguar azteca (s.f.). https://guerrerosdelahistoria.com/guerrero-jaguar-azteca/

8. Velasco Piña, A. (Primera edición). (2016). Tlacaélel el azteca entre los aztecas. Editorial Porrúa.

9. Ramos Palacios, S. (s.f.). Vestimenta mexica. Trajes de guerreros mexicas. http://www.riosdetinta.com/documentos/temas/file122.pdf.

10. Moralejo, José Luis. (2008). Sátiras. Epístolas. Arte poética. Madrid. Editorial Gredos.

11. Mayans, Carme. (2023, 16 de mayo). La "sátira de los oficios", la suerte de ser escriba en Egipto. https://historia.nationalgeographic.com.es/a/satira-oficios-suerte-ser-escriba-egipto_15689.

12. Crespo, L. (2004, 5 de octubre). El mito del Che como fuente del turismo. http://news.bbc.co.uk/hi/spanish/misc/newsid_3717000/3717978.stm

13. Borjas, F. (s.f). La concha del peregrino: El origen del icono del camino. Vive el Camino. https://vivecamino.com/concha-peregrino-vieira-camino-santiago-no-472/

14. Oliver. V. L. (1997) Caodai *Spiritism a study of religion in vietnamese society*. Brill Academic Pub. https://books.google.com.mx/books?id=AC02pmaBAdYC&q=-Caodai+Spiritism:+A+Study+of+Religion+in+Vietnamese+Society&pg=PP1&redir_esc=y#v=snippet&q=-Caodai%20Spiritism%3A%20A%20Study%20of%20Religion%20in%20Vietnamese%20Society&f=false

15. Fernández, A. (1992). Dioses prehispánicos de México. Editorial Panorama. https://books.google.com.mx/books?id=FG45qSQgDwwC&pg=PA39&hl=es&source=gbs_toc_r&cad=2#v=snippet&q=ome&f=false

16. ¿Son prostitutas de geisha? Historia de geisha y el mito de la prostitución. (2023, 23 de agosto). Viaje a Japón. https://www.viajeajapon.jp/son-prostitutas-de-geisha-historia-de-geisha-y-el-mito-de-la-prostitucion/

17. Austerio, A. (2018, 24 de Noviembre). Los Wodaabe también llamados bororo o mbororo. https://kumakonda.es/gerewol-wodaabe/

18. Li, Yingquing & Wang, Songsong (2023, 23 de Diciembre) Yunnan's cow body painting competition *showcases* cultural exchange. https://www.chinadaily.com.cn/a/202312/26/WS658a3eada31040ac301a992c.html

COSPLAY EN LA VIDA DIARIA

19. Origin of the word cosplay. (2008, 3 de Julio). https://web.archive.org/web/20120705013049/http://yeinjee.com/tag/nobuyuki-nov-takahashi/.

20. Ibarra, V. (2021, 8 de mayo). El anime como refugio del bullying escolar. https://www.playerone.vg/2021/05/08/anime-refugio-bullying-escolar/.

21. Oldest anime found (2005, 7 de Agosto). https://web.archive.org/web/20070202072042/http://www.animenewsnetwork.com/news/2005-08-07/oldest-anime-found.

22. David_5GM (s.f). 5 eventos más importantes de anime. https://www.timetoast.com/timelines/cronologia-de-anime.

23. The history of Japan Expo (2020, 3 de Marzo) https://www.japan-expo-paris.com/en/menu/history_100541/info/the-history-of-japan-expo_474.htm

24. Cossette Cosplay & Steve [Producto Robot]. (2020, 21 de agosto). Anime News Live (Introducción al Cosplay sub módulo 1...) 21 agosto [Video]. YouTube. https://www.youtube.com/watch?v=FLfa97p1E5g

25. Ulises Delgadillo. (2023, 24 de junio). Cosplayer de Oshi no Ko rompe las reglas en un parque temático de Disney. https://laverdadnoticias.com/anime/Cosplayer-de-Oshi-no-Ko-rompe-las-reglas-en-un-parque-tematico-de-Disney-20230624-0026.html

26. Chronology of the WCS that we have made together. (s.f.) https://www.worldcosplaysummit.jp/20th/en/history/

27. Attack on titan cosplay party & Singapore party (s.f.) https://www.gv.com.sg/GVMovieDetails?movie=0159#/movie/0159

28. El universal (2023, 12 de abril). Joven llega al cine en un go kart para ver Super Mario Bros. El Siglo de Torreón https://www.elsiglodetorreon.com.mx/noticia/2023/joven-llega-al-cine-en-un-go-kart-para-ver-super-mario-bros.html

29. Diana Monser [@dianamonster] (2023, 6 de

abril). Comenta si ya viste. #supermariobroslapelicula #Supermario #Mariobros. [Video]. Tik Tok. https://www.tiktok.com/@dianamonsters/video/7219069947278888197?is_from_webapp=1&web_id=7218378579510543877

30. Stein, Benny. (2021, 30 de junio) El elenco de Black widow y los cosplayers se reúnen para el estreno de Marvel (Fotos). https://thedirect.com/article/black-widow-cast-cosplayers-marvel-premiere-photos

31. Bello Caipillán, C. (2023, 5 de enero). Alumnos de universidad en Kyoto se viralizan por trajes de graduación: visten cosplay de anime. https://www.biob2ochile.cl/noticias/sociedad/viral/2023/01/05/alumnos-de-universidad-en-kyoto-se-viralizan-por-trajes-de-graduacion-visten-cosplay-de-anime.shtml

32. Madoka Lockser [@MadokaLockser]. (2022, 28 de Julio). [Imagen adjunta]. Hoy fue un gran #FelizJueves porque me casé con #cosplay de #asuka :P #cosplayecuador #asukacosplay #evangelion [Tweet]. Twitter. https://twitter.com/MadokaLockser/status/1552761495305572352?ref_src=twsrc%5Etfw%7Ctwcamp%5Etweetembe-

d%7Ctwterm%5E1552761495305572352%7C-twgr%5E7c89eaf1d719829593e70029b9ea-00b9e623e66e%7Ctwcon%5Es1_&ref_url=https%3A%-2F%2Fd-1360095383246219505l.ampproject.net%2F2307272333000%2Fframe.html

33. Trampas, P. (2022, 3 de agosto). Cosplay de Evangelion viste a Asuka para su boda en la vida real. https://codigoespagueti.com/noticias/anime/cosplay-de-evangelion-viste-a-asuka-para-su-boda-en-la-vida-real/

34. Navarro, Temo (2023, 3 de enero). SPY X FAMILY: Cosplayer de Anya Forger casi asalta un banco en Taiwán. https://nosomosnonos.com/2023/01/03/spy-x-family-cosplay-anya-crimen/

安妮亞搶銀行？偵查隊女警Cosplay露謎之微笑畫面曝光

35. chinatimes 即時新聞 [chinatimes即時新聞]. (2022, 31 de diciembre). 安妮亞搶銀行？偵查隊女警Cosplay露謎之微笑 畫面曝光 [Video]. YouTube. https://www.youtube.com/watch?v=HeXsTWEvaZs

品好賴

36. 品好賴. (2020, 11 de enero). [Publicacion de página de Facebook]. 各位朋友大家好，我是新北市第十二選區立法委員賴品好，未來四年請多指教 🐱 🐱

🐱. [Imagen adjunta]. Facebook. https://m.facebook.com/story.php?story_fbid=pfbid02X8wrUiaAwRaGX-HtzHH4whNB8qcNTz9xyP6eboinprUSKTxRqmudnc-QTNqJq2vT7bl&id=1469772862&mibextid=Nif5oz

37. 黃捷. (2022, 9 de septiembre). [Publicacion de página de Facebook]. 🧧花好月圓X北中南聯動🧧. [Imagen adjunta]. Facebook. https://www.facebook.com/KaohsiungHuangjie/posts/pfbid0d7VbeU-9Zamy2LeY2y6MdcXkPZ6USe7koKJ76KDTgsEiSkAqD-3yZ7u9UpNSLyD6fXl

38. Los Herederos de Alberdi [@LHDA16]. (13 de octubre de 2023). [Tweet] [Video adjunto]. https://twitter.com/LHDA16/status/1712833065205006518

39. Lilia Lemoine. (2023, 16 de octubre). [Publicación de página de Facebook]. Yo sigo sin poder creer la reacciom de los K al ver a Pochita... acá, esta Pochita con Makima y Javier Milei. [Imagen adjunta]. Facebook. https://www.facebook.com/photo/?fbid=882790516544370&set=a.370461084443985

40. ElBuni [@therealbuni]. (22 de octubre de 2023). [Tweet] [Video adjunto]. https://twitter.com/therealbuni/status/1716118977301127495?ref_src=twsrc%5Etfw%7Ctwcamp%5Etweetembed%7Ctwterm%5E1716118977301127495%7Ctwgr%5Ef3796858b-

de1517ab2bf9ff7598715552f52f929%7Ctwcon%5Es1_&
ref_url=https%3A%2F%2Fwww.esquire.com%2Fes%-
2Factualidad%2Ftv%2Fa44282385%2Fmilei-argenti-
na-chainsaw-man-pochita%2F

41. Fotos de El Tibu, la mascota más "ganadora"
de la Liga MX y de Veracruz. (24 de agosto de 2019).
https://www.mediotiempo.com/futbol/liga-mx/
fotos-tibu-mascota-ganadora-liga-mx-veracruz?ima-
ge=7

42. Paola Ríos [@paola_rios03]. (16 de agosto de
2023). Hoy Pachi Aguilar @elaguilabeisbol salio como
Caballero del Zodiaco "Fenix", tal y como El Glorioso
que resurgió de sus cenizas. [Tweet] [Video adjun-
to]. Twitter. https://twitter.com/paola_rios03/sta-
tus/1692023576935662033

43. Anieva, M. (15 de septiembre de 2016). La carrera de melones en Xalapa. https://www.vice.com/es/
article/7by9qa/la-carrera-de-melones-en-xalapa

44. Rosales, D. [@dannnn9]. (2023, 15 de septiembre). Carrera de melones en #xalapa #fyp #random
[Video]. Tik Tok. https://www.tiktok.com/@dann-
nn9/video/7279287718364859654

45. Lagunes Martinez, H. (Lagunes Martinez Hugo)
(2023, 16 de septiembre) Xalapa es tan surreal, que

año con año tiene una carrera de melones y el concurso al melón más guapo. [Imagen adjunta]. Facebook. https://www.facebook.com/hugo.lagunesmartinez/posts/10160838673029264?ref=embed_post

46. Schwartz, R. (2018, 5 de Junio). When I get home, my wife always pretends to be dead. https://metropolisjapan.com/my-wife-always-pretends-to-be-dead/

47. Bazán, Brenda (2021, 26 de agosto). ¿Qué es y por qué se celebra el día internacional del cosplay el 27 de agosto?. https://senpai.com.mx/noticias/cultura-geek/que-es-y-por-que-se-celebra-el-dia-internacional-del-cosplay-27-de-agosto/

48. Isaac Newton, extractos de Principios matemáticos de la filosofía natural, p.99

49. Nano Delfino [@expertoenorlando]. (2022, 20 de febrero). Los personajes tienen que ser respetados ¡no hagan esto! #WaltDisneyWorld #BeautyAndTheBeast #DisneyWorld [Video]. Tik Tok. https://www.tiktok.com/@expertoenorlando/video/7066786244151299333?is_from_webapp=1&sender_device=pc&web_id=7280329599266817541

50. Rift. (2022, 6 de Mayo). Nico nico chokaigi 2022 low-angler arrested for recording up skirt of cosplayers. https://www.sankakucomplex.com/2022/05/06/

nico-nico-chokaigi-2022-low-angler-arrested-for-re-cording-up-skirts-of-cosplayers/comment-page-3/

51. Nozomi Shirayuki (Nozo Rawr) (2019, 1 de marzo) [Publicacion de página de Facebook]. EDIT: Sí, sí denuncie el caso con las autoridades, sin embargo, sirvió de absolutamente nada.…Este sujeto tocó mi trasero. Facebook. https://m.facebook.com/NozomiShirayukiCosplay/posts/1860615777400147/?__xts__%5B0%5D=68. ARAEK1TIjKbxZTUwNs2U4DFDF8wMjdAjCd_C8Lbj-kIjIUBtcc0qYBh8pHLpZxWDfmpZTQyE9ufFkUUTkH-v2V2w0EAecg8WPLt8-sLQ1BDL9Qf2WavNKVonC0k-fo-LMEW_JWWvsSRG0Son1KNO5UUhZm5imn-Ur-hIvnh0jJtaCBVec2NiIe1o4kEhCPADFC04NCepJmM-QkhRMncZ_awRY92AMbAu9hcVG7X54PxYpNR2YAw-VdaeKmKE4Ete2r_3oBNUD5Q6YbcVKaP6w4DASd5_CqKDwMUNj3vm5gO1emQpEPpqQQo3927Rb-kZ7wy-J5Wcw9TZ-WVcpMWlb8QcECeXwbo7w&_tn__=-R

52. NanaWipi. (2015, 20 de agosto). El cosplay y la cultura del acoso. https://elvortex.com/el-cosplay-y-la-cultura-del-acoso/

53. Ohanesian, Liz. (2013, 10 de Enero). *"Cosplay is not consent": Anime conventions attack the problem of harassment.* https://www.laweekly.com/cosplay-is-not-consent-anime-conventions-attack-the-problem-

of-harassment/

54. Ardella. [Ardella] (2012, 29 de diciembre). *How to avoid being a convention creeper* [Video]. Youtube. https://www.youtube.com/watch?v=U2Df2AihAao

55. Tarō Yamada. [@yamadataro43]. (2021, 23 de enero). 個別許諾によらず著作権者の経済的利益を害さずコスプレイヤと双方メリットあるエコシステムを守る法整備必要。 [Tweet] Twitter. https://twitter.com/yamadataro43/status/1352935928713469953

56. JS. (2023, 6 de septiembre). Cosplay 或将在中国被禁？中国治安管理处罚法草案：禁穿「伤害中华民族感情的服饰」！. https://www.wanuxi.com/cosplay%E6%88%96%E5%B0%86%E5%9C%A8%E4%B8%AD%E5%9B%BD%E8%A2%AB%E7%A6%81%EF%BC%9F%E4%B8%AD%E5%9B%BD%E6%B2%BB%E5%AE%89%E7%AE%A1%E7%90%86%E5%A4%84%E7%BD%9A%E6%B3%95%E8%8D%89%E6%A1%88%EF%BC%9A%E7%A6%81/

57. Manya Koetse. (2022, 15 de Agosto). Chinese Woman Taken Away by Suzhou Police for Wearing Japanese Kimono. https://www.whatsonweibo.com/chinese-woman-taken-away-by-suzhou-police-for-wearing-japanese-kimono/

58. Manya Koetse [@manyapan]. (2022, 15 de agosto). *A young Chinese woman was taken away by local police in Suzhou last Wednesday because she was wearing a kimono.* [Tweet] [Video adjunto]. Twitter. https://twitter.com/manyapan/status/1559215506615410688?ref_src=twsrc%5Etfw%7Ctwcamp%5Etweetembed%7Ctwterm%5E1559215506615410688%7Ctwgr%5E929f677421258f0667a013840aaa1c-186cbe4e0f%7Ctwcon%5Es1_&ref_url=https%3A%2F%2Fwww.whatsonweibo.com%2Fchinese-woman-taken-away-by-suzhou-police-for-wearing-japanese-kimono%2F

59. Weibo. (2022, 15 de agosto). *#胡锡进谈女孩穿和服被带走.* https://s.weibo.com/weibo?q=%23%E8%83%A1%E9%94%A1%E8%BF%9B%E8%B0%88%E5%A5%B3%E5%AD%A9%E7%A9%BF%E5%92%8C%E6%9C%8D%E8%A2%AB%E5%B8%A6%E8%B5%B0%23

60. Nmas. (2023, 25 de abril). Impiden acceso a jóvenes con cosplay a plaza comercial. https://www.nmas.com.mx/foro-tv/programas/las-noticias-las-4/videos/impiden-acceso-jovenes-cosplay-plaza-comercial/

61. Paolo [Paolo fromTOKYO]. (2019, 27 de septiem-

bre). *Día en la vida de un típico trabajador japonés de cosplay* [Video]. YouTube. https://www.youtube.com/watch?v=O82o15Asq54

COSPLAYERS

62. Recolectado de entrevista personal. Video.

63. dannapaolamakeup. [@dannapaolamakeup]. (2023, 9 de octubre). Instagram. https://www.instagram.com/reel/CyNJIgxuggP/?hl=es

64. Recolectado de entrevista personal.

65. Recolectado de entrevista personal.

66. Ardella. [@primadonna_praxis] (2013). *At Comic-Con today, I went as Black Cat. This is a shitty picture and there will be better ones* [Publicación]. Tumblr. https://beautilation.tumblr.com/post/33538802648

67. Recolectado de entrevista personal.

68. Recolectado de entrevista personal.

69. Recolectado de entrevista personal.

70. Recolectado de entrevista personal.

71. Recolectado de entrevista personal.

72. Recolectado de entrevista personal.

73. Recolectado de entrevista personal.

74. Recolectado de entrevista personal.

75. Recolectado de entrevista personal.

PARTICIPANTES DEL WORLD COS-PLAY SUMMIT

76. Mundo Cosplayer [Mundo Cosplayer]. (2019, 1 de Julio). *Premiação do WCS Brasil* 2019. [Video]. Youtube. https://www.youtube.com/watch?v=W1iPhW-zaiOc

77. Pérez, D. "Kentaro Darkdox". (2019, 1 de Julio). Brasil descalifica a su dupla gandora de World Cosplay Summit 2019 por actitud inapropiada. https://www.alertageekchile.cl/2019/07/01/brasil-desca-lifica-a-su-dupla-ganadora-de-world-cosplay-sum-mit-2019-por-actitud-inapropiada/

78. Recolectado de entrevista personal.

79. AyuuSmile [AyuuSmile]. (2017, 4 de marzo). Prestation Rei et Asuka (WCS Belgium 04/03/2017) [Video]. Youtube. https://www.youtube.com/watch?v=-sisgJMNJfk4

80. *Hoshi's Universe* [Hoshi's Universe]. (2017, 9 de marzo). *WCS Belgium selection Team Evangelion* [Video]. Youtube. https://www.youtube.com/watch?v=fPse2Y8Kw7E

81. Recolectado de entrevista personal.

82. Recolectado de entrevista personal.

83. Recolectado de entrevista personal.

84. Recolectado de entrevista personal.

85. Recolectado de entrevista personal.

86. Pilerud [Pilerud]. (2018, 6 de Octubre). Pilerud´s cosplay – Stone troll walking test [Video]. YouTube. https://www.youtube.com/watch?v=hjFNKxdmJNw

87. Pilerud [Pilerud]. (2022, 15 de febrero). Pilerud´s cosplay – Stone troll final test [Video]. YouTube. https://www.youtube.com/watch?v=3c0YJn6gkfE

88. Recolectado de entrevista personal.

89. Babs. (2013, 13 de Abril). Milda: Baltic godness of love and freedom. https://broomcloset.wordpress.com/2013/04/13/milda-slavic-goddess-of-love-freedom/

90. Segura, Edgar. (2023, 14 de febrero). Ellas fueron Xochiquetzal y Tlazoltéotl, diosas aztecas del amor y la infidelidad. https://www.chilango.com/agenda/otros/xochiquetzal-y-tlazolteotl-diosas-aztecas-amor-infidelidad/

91. Martos Montiel, Juan Francisco. (s.f.). Sexo y ritual: La prostitución sagrada en la antigua Grecia. Universidad de Málaga. http://webpersonal.uma.es/de/JFMARTOS/PDF/HIERODULIA.pdf

92. Doherty, Emily (2014, 3 de octubre). *The Mangaia experience: A hands-on approach to sexual education.* https://sexselvesandsociety.wordpress.com/2014/10/03/the-mangaia-experience-a-hands-on-approach-to-sexual-education/

93. Extremundo. (2018, 17 de Mayo) Khajuraho, si las piedras hablaran. https://extremundo.com/esculturas-eroticas-khajuraho/

94. Aguilar, Deo. (2015, 29 de noviembre). Shunga, la vuelta del arte erótico prohibido en Japón. https://www.harpersbazaar.com/es/cultura/ocio/a216930/shunga-vuelta-arte-erotico-sexo-prohibido-en-japon/

95. Martinez Gonzales, Sergio. (2022, 10 de diciembre). Shunga: sexo y placer japones hecho arte. https://www.cinconoticias.com/shunga-sexo-placer-japones-arte/

96. Artsy Editorial. (2013, 24 de septiembre) *What is Shungan?* https://www.artsy.net/article/editorial-what-is-shunga

97. *Ancient egyptian dance.* (2018, septiembre). https://factsanddetails.com/world/cat56/sub365/entry-6140.html

98. Atlanta strippers R´Us. (2019, junio 20). *Evolution of stripping.* https://medium.com/@cmoore0362/evolution-of-stripping-a6024665e1d2

99. Fernández, C. N. (2021, Julio-diciembre). Construcción afectiva de la corporalidad: la vieja y su joven amante en Pluto de Aristofanes. [Memoria académica, Universidad Nacional de la Plata – Facultad de Humanidades y Ciencias de la Educación]. https://www.memoria.fahce.unlp.edu.ar/art_revistas/pr.15335/

pr.15335.pdf

100. Ya-hui Chang. (2015). Del erotismo a la seducción en Jin Ping Mei. [Tesis doctoral, Universidad de Granada Facultad de Filosofía y Letras Departamento de Lingüística General y Teoría de la Literatura]. https://dtieao.uab.cat/txicc/lite/media/posters/144/144_estudio2.pdf

101. Winters, Riley. (2020, 29 de Julio). *The Kama Sutra: Setting the record straight.* https://www.ancient-origins.net/artifacts-ancient-writings/kama-sutra-setting-record-straight-009018

102. Yehya, Naief. (2013, 7 de marzo). Máques de Sade. El encierro como liberación del imaginario perverso. https://letraslibres.com/revista-mexico/marques-de-sade-el-encierro-como-liberacion-del-imaginario-perverso/#:~:text=Gracias%20a%20su%20posici%C3%B3n%20social,que%20aparentemente%20dio%20un%20afrodis%C3%ADaco

103. Llega el porno para ciegos. (2010, 14 de abril). https://www.abc.es/cultura/libros/abci-llega-porno-para-ciegos-201004140300-14053834608_noticia.html

104. Breve historia del cine. El cine ficción y el cine documental. (s.f). http://www.anep.edu.uy/ipa-fisi-

ca/document/material/primero/2008/espacio/01_hist.pdf

105. Los encantos del cine japonés – Historia y perspectivas. (s.f.) https://www.japanhousesp.com.br/es/stories/los-encantos-del-cine-japones

106. Ashcraft, Brian. (2012, 17 de abril). *Japanese porn is overdosing on video games and anime.* https://kotaku.com/japanese-porn-is-overdosing-on-video-games-and-anime-5902602

107. AdrianLJ. (2023, 17 de enero). Parodia H de SPY x FAMILY es criticada por otakus. https://www.anmosugoi.com/de-interes/otaku-critica-spy-x-family/

108. コロナ禍でも変化に対応できる？ グラドルやマネージャーなど、個性を確立する美女たち (2020, 15 de junio). https://www.oricon.co.jp/news/2164425/full/

109. Recolectado de entrevista personal.

110. Recolectado de entrevista personal.

111. Recolectado de entrevista personal.

112. Recolectado de entrevista personal.

113. Recolectado de entrevista personal.

www.ingramcontent.com/pod-product-compliance
Lightning Source LLC
Chambersburg PA
CBHW061627250726
48659CB00004B/1112